Das Geheimnis der Anziehung

Wie Sie Sympathien, Einfluss und die Gunst Ihrer Mitmenschen gewinnen

Von Michael Leister

Haftungsausschluss:

Die Inhalte dieses Buches wurden sorgfältig und besten Gewissens recherchiert und zusammengetragen. Sie spiegeln die persönliche Meinung und Erfahrung des Autors wider. Der Autor übernimmt daher keine juristische Verantwortung oder Haftung für Schäden, die durch eventuelle Fehler oder nicht kompatible Lebensumstände entstehen. Trotz sorgfältigen Lektorats können Rechtschreib- und/oder Grammatikfehler vorhanden sein.

Das Geheimnis der Anziehung – Wie Sie Sympathien, Einfluss und die Gunst Ihrer Mitmenschen gewinnen

Von Michael Leister

Auflage 2016

Coverdesign: Guter Punkt | Agentur für Gestaltung, München
www.guter-punkt.de

Herausgegeben von:
Ata Medien Verlag UG (haftungsbeschränkt)
Metzgerstr. 67, 52070 Aachen
info@ata-medien.de

Printed in Germany by Amazon Distribution GmbH, Leipzig

ISBN: 978-1533698629

Inhaltsverzeichnis

Vorwort

Im Laufe Ihres Lebens haben Sie schon sehr viele Menschen kennengelernt und auch wenn Sie viele davon mögen, gibt es doch nur wenige, wenn nicht sogar nur einen einzigen Menschen, der Sie vollends fasziniert. Ein Mensch, der etwas ganz Besonderes an sich hat, das sich nur schwer in Worte fassen lässt. Etwas, das Sie anzieht und ehrliche Bewunderung in Ihnen auslöst. Etwas, das dafür sorgt, dass Sie diesen Menschen sympathisch finden, sich aufrichtig für ihn interessieren und ihm zu jedem Anlass und jeder Gelegenheit zur Seite stehen würden.

Während in Ihrem Alltag unzählig viele Menschen an Ihnen vorbeirauschen, ohne von Ihnen wahrgenommen zu werden, sticht manchmal eine einzelne Person aus der Masse hervor, die Ihr Interesse weckt. Diese Person vermag es, Sie mit seiner bloßen Erscheinung zu beeindrucken und löst in Ihnen das Bedürfnis aus, sie kennenzulernen oder so zu sein wie sie. Und auch in der Medienlandschaft gibt es immer wieder Menschen, die Ihre Aufmerksamkeit im Sturm erobern und Sympathiegefühle in Ihnen auslösen, obwohl Sie diesen Personen noch nie begegnet sind. Doch wie kann das sein? Was ist es, das diese Menschen besonders macht, ihnen unsere Sympathien sichert und ihnen Einfluss auf uns verleiht? Um all das und noch viel mehr geht es in dem Buch „Das Geheimnis der Anziehung“, zu dem ich Sie herzlich willkommen heiße.

Mein Name ist Michael Leister und ich bin Ihr Wegbegleiter bei Ihrer Entwicklung zu einer einflussreichen Person, die die Bewunderung, Sympathien und Gunst anderer Menschen mit Leichtigkeit gewinnt. Mit diesem Buch lernen Sie, so mit Ihren Mitmenschen umzugehen, dass diese Sie als unentbehrlich empfinden werden. Sie werden erfahren, wie Sie interessanter werden, Ihre Mitmenschen für sich begeistern und wie Sie schneller wahre und aufrichtige Freundschaften schließen. Kurz gesagt werden Sie das Geheimnis der Anziehung kennenlernen, das Ihr Leben nachhaltig bereichern wird.

Als Buchautor und Blogger habe ich das Privileg, viele Menschen zu erreichen, sei es durch meine Bestseller, wie z.B. „Endlich selbstbewusst“ oder „Garantiert unglücklich“, oder mithilfe meines Blogs „Dein Fußabdruck“, der jeden Monat von tausenden Menschen besucht wird. In diesem Buch stecken die Erfahrung aus weit mehr als eintausend Lesermails, die Umfrageergebnisse von hunderten Lesern zum Thema „Welcher Mensch fasziniert dich am meisten und warum?“, und die Ergebnisse meiner umfangreichen Recherchen und Arbeiten rund um das „Geheimnis der Anziehung“. Mit dem gesammelten Wissen, das Sie mit diesem Buch bekommen, erhalten Sie die Möglichkeit, Ihr Leben und das Ihrer Mitmenschen maßgeblich zum Positiven zu verändern. Überzeugen Sie sich selbst davon!

Das Geheimnis der Anziehung ist kein über Jahrtausende verborgen gehaltenes Relikt, das durch dieses Buch zum ersten Mal an die Öffentlichkeit gelangt. Es ist viel eher ein

Zusammenschluss von verschiedenen Informationen, Faktoren, Werten und Eigenschaften, die bei korrekter Anwendung dafür sorgen, dass Ihre Mitmenschen Sie als einzigartig, bewundernswert und sympathisch empfinden und dazu bereit sind, sich von Ihnen in großem Maße beeinflussen zu lassen. Der Schlüssel zu all dem besteht aus zwei Teilen: Dem richtigen Umgang mit Ihren Mitmenschen und dem Bewusstsein über Ihre Wirkung auf diese. Wenn Sie diese beiden Faktoren verstehen und zu Ihrem Vorteil einzusetzen wissen, öffnen sich Ihnen alle Türen. Dann wird es für Sie ein Leichtes sein, wahre und erfüllende Freundschaften zu schließen und sich die Sympathien und die Gunst Ihrer Mitmenschen zu sichern.

Um diese beiden Schlüsselfaktoren anschaulich und praxisnah darzustellen, besteht dieses Buch aus zwei Teilen. Im ersten Teil geht es darum, wie Sie Ihre Mitmenschen beeinflussen und ihre Gunst gewinnen. Konkret geht es in diesem Teil darum, Menschen und ihre grundlegende psychologische Funktionsweise zu verstehen, um wirklichen Einfluss auf sie nehmen zu können. Hier werden Sie lernen, dafür zu sorgen, dass Menschen Sie auf Anhieb mögen und bewundern und sich in Zukunft danach sehnen, Kontakt zu Ihnen zu halten. Selbstverständlich wird das Ganze nicht mit trockener Theorie, sondern anhand von leicht verständlichen und alltäglichen Praxisbeispielen vermittelt, damit Sie schnell erkennen, wie Sie diese Tricks, Eigenschaften und Verhaltensweisen in Ihr Leben übertragen können.

Damit Sie Einfluss auf andere Menschen ausüben können, müssen Sie erst einmal in Kontakt mit ihnen kommen. Hierfür ist es notwendig, dass Ihre Mitmenschen sich für Sie interessieren und den Kontakt zu Ihnen aufnehmen oder zulassen, dass Sie die Initiative ergreifen. Genau darum geht es im zweiten Teil des Buches. Sie werden lernen, wie Sie Ihre Mitmenschen beeindrucken, anziehen und ihr Interesse wecken. Genauer gesagt geht es darum, was Sie konkret tun können, um interessanter und bewundernswerter zu werden und Ihre persönliche Entwicklung maßgeblich voranzutreiben. Mithilfe von leicht anwendbaren Ratschlägen und bewährten Methoden werden Sie Ihr Selbstbewusstsein und Ihre Persönlichkeit weiterentwickeln und so nicht nur Ihre Lebensqualität erhöhen, sondern auch Ihre Anziehung auf Ihre Mitmenschen verstärken.

Dieses Buch eignet sich für jeden Menschen, da wir alle uns danach sehnen, von anderen bewundert zu werden. Wir alle teilen den Wunsch nach funktionierenden zwischenmenschlichen Beziehungen und wir alle streben von Natur aus nach Glück, Zufriedenheit und einer hohen Lebensqualität. Mit seinen Mitmenschen im Einklang zu sein, ihre Sympathien zu gewinnen, sich niemals mit ihnen zu streiten und von ihrem Wohlwollen zu profitieren, ist ein wahrer Garant für das Glück, das sich jeder wünscht.

Da jeder Mensch einzigartig ist, ist das Geheimnis der Anziehung nichts Pauschales, das für jeden von uns auf dieselbe Weise Anwendung findet. Es beruht auf einfachen Prinzipien, die immer aktuell sind und funktionieren, aber durch den einzigartigen Charakter eines jeden Menschen individuell zum Ausdruck gebracht werden. Das macht es so besonders und wunderbar. Entdecken Sie mithilfe dieses Buches Ihr ganz persönliches Geheimnis der Anziehung und werden Sie zu einem einzigartigen, anziehenden, bewundernswerten und einflussreichen Menschen. Öffnen Sie sich für eine Veränderung zum Positiven und lassen Sie uns gemeinsam einen Einstieg in das Buch wagen.

Ich wünsche Ihnen viel Freude bei der Lektüre.

Ihr Michael Leister

Wie Sie den größten Mehrwert aus diesem Buch gewinnen

Auf den folgenden Seiten werden Sie zahlreiche nützliche Informationen erhalten. Manches wird Ihnen bekannt vorkommen, Manches wird längst vergrabene Erinnerungen in Ihnen wecken und Einiges wird Sie überraschen und Ihnen ganz neue Perspektiven und Möglichkeiten eröffnen. All diese Informationen haben etwas gemeinsam: Sie bergen das Potenzial, Ihr Leben und das Ihrer Mitmenschen nachhaltig zum Positiven zu verändern. Dieses Potenzial wird sich jedoch nicht entfalten können, wenn Sie das Buch einfach nur lesen. Das Gedankengut aufzunehmen und für wichtig zu befinden, ist zwar ein wichtiger Schritt, aber nicht der entscheidende. Der entscheidende Schritt ist es, diesen Gedanken, neuen Sichtweisen und Möglichkeiten entsprechend zu handeln. Erfolg hat drei Buchstaben: Tun.

Meiner Erfahrung als Buchautor nach gibt es drei Arten von Lesern: Zuerst gibt es jene, die sich von all den Informationen in einem Ratgeber überwältigt fühlen und sich dazu entscheiden, das Buch wieder beiseite zu legen. Sie finden fadenscheinige Gründe dafür, nichts zu verändern und reden sich am Ende ein, es sei doch alles gut in ihrem Leben. Die entscheidende Frage dabei ist, weshalb sie das Buch dann überhaupt erst gekauft haben. Wenn Sie in Ihrem Leben etwas verändern möchten, sollten Sie auf keinen Fall zu dieser ersten Sorte von Lesern gehören. Stellen Sie sich den Tatsachen, ergreifen Sie Ihre Chance und machen Sie das Beste daraus!

Weiterhin gibt es die Leser, die ein Buch an einem Stück verschlingen und sich danach extrem motiviert fühlen. Sie fassen viele positive Vorsätze und haben das unerschütterliche Gefühl, dass sich nun alles zum Besseren verändern wird, da sie sich schließlich innerhalb weniger Stunden Unmengen von qualitativem Wissen zu Gemüte geführt haben. Spätestens zwei Wochen später stellen sie dann resigniert fest, dass sich in ihrem Leben nichts verändert hat, obwohl sie doch so viel gelesen, so positiv gedacht und so geduldig gewartet haben. Dies sind meistens die Menschen, die anschließend Bücher und ihre Autoren für Blödsinn erklären und sich einreden, wahre Lebensqualität sei ein unerreichbarer Mythos. Auch daran sollten Sie sich kein Beispiel nehmen, wenn Sie wirklich etwas zum Positiven verändern wollen.

Zuletzt gibt es noch die Leser, die ein Buch aufmerksam lesen und es an Stellen, die ihnen besonders gut gefallen, kurz beiseitelegen. Sie machen sich Gedanken darüber, was das gerade Gelesene bedeutet und wie es ihnen persönlich im alltäglichen Leben weiterhelfen kann. Dann fassen sie den festen Vorsatz, das einmal in einer realen Situation auszuprobieren und nutzen ihre Gelegenheit, genau das zu tun. So arbeiten sie sich Stück für Stück durch ein Buch, immer auf der Suche nach neuen nützlichen Anregungen, die sie in Taten umsetzen können. Dies sind die Leser, von denen ich E-Mails, Post und Geschenke erhalte, weil dieser simple Ansatz ihnen dabei hilft, wahre Wunder im Alltag zu verbringen. Wenn Sie hinter das Geheimnis der Anziehung kommen und es sich zunutze machen wollen, dann möchte ich Ihnen empfehlen, sich an dieser dritten Sorte von Lesern ein Beispiel zu nehmen.

Im Klartext heißt das: Erwarten Sie nicht von dem Buch, dass es Ihr Leben im Alleingang verändern wird. Haben Sie ruhig einen hohen Anspruch, denn Sie verdienen qualitative Informationen. Haben Sie aber auch den Anspruch an sich selbst, etwas aus diesen Informationen zu machen. Wie bereits gesagt, hat Erfolg drei Buchstaben: Tun. Wenn Sie Hunger haben, denken Sie ja auch nicht bloß ans Essen, sondern besorgen sich Nahrung. Wenn Sie einen Schrank aufbauen möchten, können Sie so viel über die optimalen Konstruktionsmöglichkeiten nachdenken, wie Sie wollen. Solange Sie nicht handeln und ihn nicht mit Ihren eigenen Händen zusammenbauen, wird nichts passieren. Erwarten Sie also niemals, dass hochwertiges Wissen alleine etwas in Ihrem Leben zum Besseren verändern wird. Es ist die richtige Grundlage, aber jede theoretische Grundlage braucht eine praktische Ausführung.

In diesem Buch finden Sie zahlreiche Gedanken, Tipps und Anregungen, die nicht immer unbedingt zum selben Themenbereich gehören. Aus diesem Grund empfehle ich Ihnen, das Buch nicht an einem Stück durchzulesen. Lesen Sie es Stück für Stück, in Ihrem ganz eigenen Tempo. Lesen Sie so lange, bis Sie genügend Anregungen zum Nachdenken gesammelt haben und geben Sie sich dann etwas Zeit, um das Ganze wirken zu lassen. Einfacher gesagt bedeutet das: Sie müssen einen Kuchen nicht an einem Stück aufessen, um satt zu werden. Sie können ihn auch in Portionen aufteilen und somit Vorräte anlegen, die Sie noch lange versorgen werden.

Wenn eine Stelle im Buch Ihnen besonders gut gefällt oder wenn Sie auf eine neue Sichtweise stoßen, dann legen Sie das Buch ruhig für einen Moment beiseite und denken Sie über das Gelesene nach. Fragen Sie sich, wie sehr das vorhin Gelesene auf Sie persönlich zutrifft und wo es in Ihrem Alltag Anwendung finden könnte. Denken Sie an bestimmte Menschen in Ihrem Leben, bei denen Sie mit den neuen Informationen profitieren und Fortschritte machen könnten. Schmieden Sie Pläne und vergessen Sie nicht, diese auch in die Tat umzusetzen. Nur so finden Sie heraus, was für Sie am besten funktioniert und was nicht. Gerade in diesem Buch gibt es zahlreiche Kombinationsmöglichkeiten für Strategien im Umgang mit Ihren Mitmenschen. Seien Sie offen für Neues und Sie werden schon bald feststellen, dass sich vieles, sogar sehr vieles zum Positiven entwickeln wird.

Nehmen Sie sich beim Lesen dieses Buches einen Notizblock und einen Stift zur Hand. Es mag sein, dass Sie ein gutes Gedächtnis haben, aber wenn Sie wirklich den vollen Mehrwert aus diesem Buch extrahieren möchten, sollten Sie sich nicht zu 100% darauf verlassen. Es kann sein, dass Sie über einen Gedanken stolpern, der Ihnen besonders hilfreich erscheint und am nächsten Tag vergessen Sie ihn plötzlich, ohne dass es Ihnen auffällt. Scheuen Sie sich also nicht davor, sich die für Sie besonders wichtigen Gedanken, Tatsachen und Ratschläge zu notieren. Später werden Sie eine ganze Menge mit diesen Notizen anfangen können! Vor allem werden diese Notizen Ihnen später einmal dabei helfen, zu erkennen, wie weit Sie sich entwickelt haben. Was Ihnen jetzt noch neu und besonders hilfreich erscheint, könnte schon in ein paar Monaten reine Routine für Sie sein. Generell möchte ich Ihnen empfehlen, sich Ihre Fortschritte immer wieder vor Augen zu führen. Wenn Sie den Anregungen in diesem Buch entsprechend handeln, werden sich Ihre zwischenmenschlichen Beziehungen verbessern und Sie werden beliebter, einflussreicher und selbstbewusster werden. Später können Sie dann auf die „Anfänge" zurückblicken, was Ihnen noch mehr Motivation und Erfolgsgefühle verleihen wird. Auf diese Weise erschaffen Sie eine treibende Kraft, die Ihnen dabei hilft, sich immer weiterzuentwickeln und mehr Lebensqualität zu gewinnen.

Seien Sie gewissenhaft, offen für Neues, ehrlich zu sich selbst und vor allem bereit dazu, Ihre guten Vorsätze zu Taten werden zu lassen. Dann wird dieses Buch Ihnen dabei helfen, wahre Wunder in Ihrem Leben zu bewirken.

Teil 1: Wie Sie Ihre Mitmenschen beeinflussen und ihre Gunst gewinnen

Das Motiv zu kennen, ist die halbe Miete

Sie wollen, dass Ihre Mitmenschen Sie bewundern, sympathisch finden und Ihnen ihr Vertrauen schenken. Weiterhin möchten Sie Einfluss auf die Menschen in Ihrem direkten Umfeld haben. Das ist völlig normal und in Ordnung. Es ist sogar sehr erstrebenswert, da es Ihr Leben einfacher und schöner machen kann. Die Frage ist nur, wie Sie all das erreichen. Genau damit werden wir uns in diesem Teil des Buches beschäftigen.

Damit Sie Menschen beeinflussen und von sich überzeugen können, müssen Sie mit ihnen in Kontakt treten. Direkter Kontakt ist die beste und effektivste Möglichkeit, Sympathien und Einfluss zu sammeln. Im zweiten Teil des Buches werden wir darauf eingehen, wie Sie auch auf fremde Menschen eine stärkere Anziehung entwickeln, um schneller in Kontakt zu kommen, aber zuerst einmal geht es um den Kontakt zu den Menschen, die Sie bereits kennen oder denen Sie regelmäßig in Ihrem Alltag begegnen. Vielleicht glauben Sie es noch nicht, aber tatsächlich können Sie jeden Menschen von sich überzeugen. Sie können in jedem Menschen den Wunsch auslösen, mit Ihnen befreundet zu sein. Dafür müssen Sie ihm nur das geben, was er sich am meisten wünscht. Doch was wünscht sich ein Mensch am meisten?

Es gibt vieles, das wir uns wünschen und begehren. Ein moderner Mensch wünscht sich Geld und all den Luxus, den man sich damit ermöglichen kann. Geld eröffnet Möglichkeiten und bedeutet Freiheit. Weiterhin sehnen sich Menschen nach körperlicher Nähe und sexueller Befriedigung. Dann kommen noch einige Dinge, die ohnehin überlebenswichtig sind: Wasser, Nahrung, Schlaf, Obdach, usw. Hier ist eine gute Nachricht für Sie: Sie müssen nichts von all dem Ihren Mitmenschen geben, um sie für sich zu gewinnen. Denn in Wirklichkeit gibt es etwas, nach dem sich Menschen noch viel mehr sehnen. Etwas, das Sie ihnen mit Leichtigkeit geben können und etwas, das auch Sie sich wünschen. Es ist der Grund, warum Sie dieses Buch lesen und die Gunst Ihrer Mitmenschen gewinnen wollen.

Der amerikanische Psychologe John Dewey sagte: „Der stärkste Trieb in der menschlichen Natur ist der Wunsch, bedeutend zu sein.“ Es ist wichtig, dass Sie diese Aussage und den Sinn dahinter nicht nur annehmen, sondern auch verstehen!

Das zentrale Motiv all unserer Handlungen ist der Wunsch, bedeutend und wichtig zu sein. Wir wollen, dass das, was wir tun, einen tieferen Sinn und eine weitreichende Relevanz hat. Wir wollen, dass andere Menschen uns wichtig finden. Fragen Sie sich doch einmal, weshalb Sie gerade dieses Buch lesen. So wie Sie sich wünschen, dass andere Sie sympathisch, bewundernswert und unentbehrlich finden, so wünschen sich das alle anderen Menschen auch. Tatsächlich schaffen es aber nur Wenige, sich diesen Wunsch zu erfüllen. Sie sollen zu diesen Wenigen gehören und deshalb müssen Sie verstehen, was der Schlüssel zu jedem Menschen ist: Sie müssen Ihren Mitmenschen das Gefühl geben, wichtig und besonders zu sein. Wenn Sie das erfolgreich tun, wird man Sie als noch viel wichtiger und besonderer empfinden!

Menschen verlangen geradezu nach Anerkennung und dem Gefühl, relevant zu sein. Sie erlangen Befriedigung durch Lob, Komplimente, Wertschätzung für bestimmte Eigenschaften oder Talente und Bewunderung durch andere. Um all das zu bekommen, tun sie die verschiedensten Dinge. Was glauben Sie zum Beispiel, warum Leute Bilder von sich auf Facebook veröffentlichen, auf denen sie besonders gut aussehen? Warum prahlen Menschen in der Öffentlichkeit mit ihrem Besitz oder ihren Fähigkeiten? Warum kehren sie nur die positiven Seiten ihres Lebens nach außen und verbergen das Negative? Weil sie bewundert werden wollen. Weil sie von ihren Mitmenschen hören wollen, dass sie besonders sind, etwas Besonderes haben oder dass sie gut in dem sind, was sie tun. Es ist dieses Verlangen nach Bedeutung, das Menschen motiviert und zu Höchstleistungen antreibt. Glauben Sie wirklich, dass ein Extremsportler einen gefährlichen Stunt in der Öffentlichkeit aufführt, nur um für sich selbst die Grenzen seiner Fähigkeiten auszuloten? Oder denken Sie nicht auch, dass er viel eher von allen Menschen um ihn herum für seinen Mut und seine Fähigkeiten bewundert werden möchte? Der Wunsch nach Anerkennung und Bedeutung kann so stark ausgeprägt sein, dass er sogar Schaden anrichtet.

Denken Sie zum Beispiel einmal daran, wie vor allem junge Menschen sich teilweise gefährliche Sachen einfallen lassen, um ihre Freunde zu beeindrucken. Sie trinken extrem viel Alkohol, provozieren Gewaltsituationen, in denen sie sich und andere in Gefahr bringen oder veranstalten Autorennen im Straßenverkehr. All das tun sie nicht, weil sie selbst so viel Spaß daran haben. Was ihnen wirklich Spaß daran macht, ist die Tatsache, dass ihre Freunde sie dafür bewundern und bejubeln. Viele Menschen sind dazu bereit, hohe Risiken einzugehen, um einen kurzen Moment des Ruhms zu ernten.

Vor nicht allzu langer Zeit erhielt ich eine E-Mail von einem Leser meines Blogs. Er bat mich um Rat, da er sich darüber ärgerte, dass er sich selbst schadete, aber auch keine Lösung fand, um damit aufzuhören. Er hatte gerade seine Ausbildung abgeschlossen und sich ein teures und luxuriöses Auto gekauft, das er sich mit seinem durchschnittlichen Einkommen eigentlich gar nicht leisten konnte. Die monatlichen Finanzierungsraten und Unterhaltskosten machten weit mehr als die Hälfte seines Einkommens aus, sodass er in eine kleinere Wohnung ziehen musste. Zusätzlich hatte er noch einen zweiten Job angenommen, um auch seine restlichen Alltagskosten decken zu können. Das Auto zu verkaufen, kam für ihn jedoch nicht in Frage. Er genoss es, am Wochenende durch die Innenstadt zu fahren und von seinen Gleichaltrigen bewundert zu werden. Er schrieb mir, dass er durchaus wisse, wie „bescheuert“ das sei, aber dass ihm dieses Gefühl alle Mühen und Entbehrungen wert sei. Im Grunde genommen wusste er, dass er damit sich und seiner Zukunft schadete, aber er konnte nicht gegen dieses Verlangen nach Bewunderung und Anerkennung ankämpfen. Deshalb opfert er auch heute noch weiterhin all seine Kraft und freie Zeit, um sich diese kurzen Momente des Ruhms zu verdienen.

Die Weltgeschichte wurde von Menschen geprägt, die sich geschworen hatten, dass man sich an ihre Namen erinnern würde. Monarchen, Kriegsherren, Diktatoren, Politiker, Freiheitskämpfer, Musiker, Sportler, usw. Sie alle vereinte das Bedürfnis, bedeutend zu sein und niemals im Gedächtnis der Menschheit zu verblassen. Zweifelsohne haben viele dieses Ziel erreicht, jeder auf seine ganz eigene Weise. Das zeigt, wie weit Menschen zu gehen bereit sind, um ihrem Verlangen nach Geltung gerecht zu werden. Manche verlieren jegliches Moralempfinden, während andere ihr gesamtes Leben einem bestimmten Zweck verschreiben und sich keine Grenzen setzen. Der Trieb, von dem John Dewey sprach, motiviert Menschen zu Höchstleistungen. Er kann dafür sorgen, dass sie über sich hinauswachsen und Außerordentliches schaffen.

Mit Lob, Anerkennung, ehrlichem Interesse und Bewunderung geben Sie Ihren Mitmenschen das, was sie sich am meisten wünschen. Sie helfen ihnen dabei, die besten Menschen zu sein, die sie sein können. Als Gegenleistung dafür erhalten Sie so viel Dank, Anerkennung und Wertschätzung, dass auch Sie über sich hinauswachsen und all das bekommen, was Sie sich am meisten wünschen. Obwohl es ein so simples Prinzip ist, wird es in unserer modernen Gesellschaft nur selten verstanden oder angewendet. Das bedeutet aber nicht, dass Sie es nicht anwenden sollten. Sie werden in diesem Buch viele Methoden kennenlernen, die das Prinzip zu Ihren Gunsten funktionieren lassen. Wenn Sie ein Gespür dafür entwickeln, was genau sich Ihr Gegenüber gerade am meisten wünscht und diesen Wunsch mit simplen Mitteln erfüllen können, gewinnen Sie Einfluss, die Sympathie und das Vertrauen dieser Person. Wir werden gemeinsam dafür sorgen, dass Sie das schon bald schaffen werden.

Sie wollen, dass Ihre Mitmenschen Sie bewundern und Sie wollen sie beeinflussen können. Einfacher gesagt wollen Sie etwas von jemand anderem. Damit Sie aber etwas von jemand anderem bekommen, müssen Sie ihm erst einmal etwas geben, das er sich wünscht. In erster Linie geht es also nicht darum, was Sie wollen, sondern darum, was Ihr Gegenüber möchte. Dazu möchte ich Ihnen ein kleines Beispiel geben: Vielleicht essen Sie gerne Kuchen, aber wenn Sie eine Mausefalle aufstellen, dann legen Sie keinen Kuchen, sondern ein Stück Käse auf den Auslöser. Das liegt daran, dass Sie etwas von der Maus wollen und deswegen geben Sie ihr etwas, das sie gerade will. Nur auf diese Weise erhalten Sie am Ende, was Sie sich wünschen. Wie viel Erfolg würden Sie wohl haben, wenn Sie die Maus höflich darum bitten würden, in die Falle zu gehen? Oder wie erfolgreich wären Sie, wenn Sie sie anschreien und unter Druck setzen würden? Vergessen Sie niemals dieses Sinnbild, denn es ist entscheidend für den richtigen Umgang mit Ihren Mitmenschen!

Es gibt nur eine wirklich erfolgreiche Möglichkeit, einen Menschen dazu zu bringen, das zu tun, was Sie wollen: Sie müssen dafür sorgen, dass er es selbst tun will! Das schaffen Sie, indem Sie den richtigen Köder auswerfen. Wie das geht, werden wir uns nun genauer anschauen. Vorher möchte ich aber noch erwähnen, dass es durchaus andere Möglichkeiten gibt, Menschen zu beeinflussen, aber diese sind nicht wirklich fair. Zum Beispiel können Sie Ihre Mitmenschen mit Gewalt zu etwas zwingen oder sie ausnutzen, wenn sie ein schwach ausgeprägtes Selbstbewusstsein und ein geringes Selbstwertgefühl haben. In solchen Fällen erhalten Sie jedoch nicht wirklich das, was Sie sich wünschen. Sie erhalten keine Bewunderung, keine Sympathien, kein Vertrauen und auch keinen wirklichen Einfluss. Jemanden zu unterdrücken oder zu etwas zu zwingen, ist eine furchtbare und eher einmalige Sache. Man wird Sie danach nicht mehr mögen und sich von Ihnen distanzieren. Wenn Sie jedoch dafür sorgen, dass ein Mensch selbst tun will, was Sie sich wünschen, werden Sie weiterhin beliebt und willkommen sein und zusätzlich Ihre Wünsche erfüllt bekommen.

Grundsätzlich ist es Ihre Aufgabe, Ihrem Gegenüber klarzumachen, dass in Wirklichkeit nicht Sie profitieren, sondern dass Ihr Wunsch zu seinem Wohl oder Profit ausgelegt ist. Vergessen Sie nicht: Bewunderung, Anerkennung und das Gefühl, wichtig zu sein stellen den größten Profit für Ihre Mitmenschen dar! Stellen Sie sich die folgende Frage: „Wenn ich in der Haut meines Gegenübers stecken würde, wie könnte ich dann von dem profitieren, was ich (also Sie selbst) mir gerade wünsche?“ Werden Sie kreativ, denn sobald Sie einen wirklichen Vorteil gefunden haben, den Sie Ihrem Mitmenschen präsentieren können, haben Sie schon so gut wie gewonnen! Um das zu veranschaulichen, würde ich Ihnen gerne ein paar kleine Beispiele nennen:

Nehmen wir einmal an, Sie stünden mit einem neuen Sofa vor Ihrer Haustüre und müssten es zwei Stockwerke nach oben tragen. Leider sind Sie nicht stark genug, um das alleine zu schaffen, also müssen Sie jemanden um Hilfe bitten. Auf der gegenüberliegenden Straßenseite sehen Sie eine Gruppe von jungen Männern auf der Terrasse eines Cafés sitzen, die allesamt vital und kräftig gebaut aussehen. Sie könnten zu ihnen herübergehen und fragen: „Entschuldigung, könnte mir vielleicht jemand dabei helfen, das Sofa dort drüben in den zweiten Stock zu tragen?“, oder Sie könnten alternativ fragen: „Entschuldigung, ist hier jemand von euch stark genug, um das Sofa dort drüben in den zweiten Stock zu tragen?“

Begreifen Sie den wichtigen Unterschied? Bei der ersten Frage sind Sie darauf angewiesen, dass jemand selbstlos ist und Ihnen hilft, ohne etwas dafür zu bekommen. Das ist leider unwahrscheinlich, da wir Menschen von Natur aus egoistisch veranlagt sind. Das ist nichts Schlimmes, sondern vollkommen in Ordnung. Schließlich leben wir alle unser eigenes Leben und müssen in erster Linie für uns selbst sorgen. In manchen Fällen haben Sie sogar vielleicht das Glück, einem selbstlosen Menschen zu begegnen, der es als

Belohnung empfindet, Ihnen helfen zu dürfen. Verlassen Sie sich aber nicht darauf. Sie können sich stattdessen für eine viel erfolgsversprechendere Option entscheiden. Indem Sie die jungen Männer fragen, ob einer von ihnen stark genug ist, um das Sofa zu tragen, wecken Sie den Ehrgeiz und sogar den Wettbewerbsgeist in ihnen! Sie geben ihnen die Möglichkeit, sich zu profilieren und ihre Stärke unter Beweis zu stellen. Sie geben ihnen die Chance, Sie und alle Menschen im direkten Umkreis zu beeindrucken. Noch leichter wird das Ganze in unserem Beispiel, wenn Sie eine Frau sind. Welcher junge Mann würde nicht gerne eine Frau mit seiner Maskulinität beeindrucken? Vielleicht halten Sie diesen Gedanken für oberflächlich, aber vergessen Sie bitte nicht, dass wir von unseren Instinkten und Trieben beeinflusst werden. In diesem Beispiel können Sie mit einem ganz leichten Kniff dafür sorgen, dass die jungen Männer einen Vorteil darin sehen, Ihnen zu helfen. Sie machen ihnen Ihr Anliegen schmackhaft und bekommen deshalb, was Sie wollen.

Ein weiteres Beispiel: Sie haben einen kleinen Sohn, der kurz vor der Einschulung steht. Beim Abendessen möchte er nicht sein Gemüse essen. Natürlich könnten Sie Ihr Kind darum bitten, artig zu sein und aufzuessen und wahrscheinlich würde es nicht funktionieren. Daraufhin könnten Sie einen strengeren Ton anschlagen und den Kleinen unter Druck setzen, was vermutlich für den Moment funktionieren würde. Auf Dauer richtet das jedoch nur Schaden an, da er in Zukunft das Essen seines Gemüses mit Stress, Strenge und Angst verbinden würde. Um das zu verhindern und trotzdem zu bekommen, was Sie wollen, könnten Sie ihm die Angelegenheit ganz einfach schmackhaft machen. Sie könnten sagen: „Du musst dein Gemüse nicht essen. Aber wenn du es doch isst, wirst du groß und stark werden und dann werden dich alle Jungs und Mädels in der Schule toll finden. Alle großen Jungs essen ihr Gemüse, um noch größer und stärker zu werden, aber wenn du kein großer Junge sein willst, musst du es nicht aufessen." Wie diese Situation ausgehen würde, muss ich wohl nicht mehr beschreiben. Auch hier können Sie das bekommen, was Sie möchten, indem Sie Ihrem Gegenüber die Illusion geben, er würde einen Vorteil für sich erschaffen. Das Lockmittel ist hier ebenfalls Bewunderung und Anerkennung. In diesem Beispiel versetzen Sie sich in Ihren Sohn hinein und finden heraus, was für ihn ein wirklicher Vorteil wäre. Anschließend passen Sie die Argumentation an sein Entwicklungsniveau an. Es ist sehr wichtig, immer herauszufinden, was genau Ihr Gegenüber gerade gut gebrauchen könnte oder wie er sich profilieren könnte, wenn er das tut, was Sie möchten.

Ein letztes Beispiel: Sie sind Innenarchitekt und werden von einem wohlhabenden Ehepaar dazu eingeladen, sich ihre neue Immobilie anzusehen und Vorschläge für ein neues Innenraumkonzept zu machen. Dort angekommen stellen Sie jedoch fest, dass ein Konkurrent von Ihnen ebenfalls dort ist und sich bereits den Auftraggebern präsentiert, um selbst den Auftrag zu erhalten. Während er von sich und seinen zahlreichen Qualifikationen erzählt, müssen Sie sich gegen Ihren Willen eingestehen, dass seine berufliche Laufbahn wirklich beeindruckend ist. Er hat eine bessere Ausbildung abgeschlossen und mehr Berufserfahrung als Sie. Nun haben Sie zwei Optionen: Entweder warten Sie darauf, dass man Sie nach Ihrer Qualifikation fragt und erklären dann kleinlaut, dass Sie nicht mithalten können oder Sie nutzen die Tatsache, dass Ihr Konkurrent ausschließlich von sich und seinen Fähigkeiten spricht, zu Ihrem Vorteil. In diesem Fall gehen Sie auf das Ehepaar zu und sagen: „Sie haben sich wirklich ein beeindruckendes Haus gebaut, in dem ich viel Potenzial sehe. Ich kann dafür sorgen, dass Sie sich jeden Tag darauf freuen werden, nach Hause zu kommen. Bei dieser Immobilie und all den Möglichkeiten, die Sie hier erschaffen haben, ist das wirklich keine Schwierigkeit für mich. Gemeinsam können wir es hier so gestalten, dass jeder Ihrer Besucher nicht mehr aus dem Staunen herauskommen wird." In diesem Fall würden Sie mit ziemlicher Sicherheit den Auftrag bekommen, auch wenn Sie fachlich nicht halb so qualifiziert wie Ihr Konkurrent sind. Warum? Weil Sie Ihre Fähigkeiten und Eigenschaften in den Hintergrund stellen und den Auftraggebern genau das geben, was sie gerade am meisten wollen: Lob für ihren guten Geschmack, die Aussicht darauf, sich stets im neuen Zuhause wohl zu fühlen und natürlich die Chance, von allen Freunden und Besuchern bewundert und beneidet zu werden.

Ich versichere Ihnen, dass alle drei Beispiele sehr real und alltagstauglich sind. Denken Sie zurück an die Mausefalle: In erster Linie geht es nicht darum, was Sie wollen, sondern darum, was Ihr Gegenüber will. Wenn Sie sich daran halten, bekommen Sie letztendlich immer, was Sie sich wünschen. So können Sie Ihre Mitmenschen erfolgreich beeinflussen und sich zusätzlich ihre Sympathie sichern. Schließlich geben Sie ihnen das Gefühl, dass Sie ihnen gerade einen Gefallen tun. Beachten Sie bitte, dass es keineswegs negativ oder verwerflich ist, Ihre Mitmenschen zu beeinflussen. Sie belügen sie ja nicht, sondern erschaffen einen tatsächlichen Mehrwert! Sie erreichen das, was Sie erreichen wollen und befriedigen dabei den Drang nach Bewunderung und Anerkennung Ihrer Mitmenschen. Alle Beteiligten profitieren davon.

Seinen Mitmenschen seine eigenen Wünsche schmackhaft zu machen, ist eine hohe Kunst. Wenn Sie diese Kunst beherrschen, gewinnen Sie großen Einfluss auf Ihre Umwelt, wofür man Sie wiederum bewundern, respektieren und wertschätzen wird. Wie Sie sehen, findet hier wieder ein sehr einfaches Prinzip Anwendung: Sie geben etwas und erhalten es doppelt zurück. Denken Sie, Sie könnten diese positive Wirkung erzielen, indem Sie jemanden unter Druck setzen, bedrohen oder ihm Befehle erteilen? Das funktioniert natürlich nicht. Fragen Sie sich deshalb immer wieder, wie Sie einem Mitmenschen Ihre Wünsche attraktiv erscheinen lassen können. Mit ein wenig Übung werden Sie sehr geschickt darin sein und merken, dass Ihr Alltag und Ihre Beziehung zu Ihren Mitmenschen sich deutlich zum Positiven entwickeln werden!

In diesem Kapitel haben Sie die Grundlagen zum erfolgreichen positiven Beeinflussen Ihrer Mitmenschen kennengelernt. Im weiteren Verlauf des Buches werden Sie feststellen, dass es hierfür noch zahlreiche weitere

Möglichkeiten gibt. Das Prinzip ist aber im Grunde immer dasselbe: Sie geben Ihrem Gegenüber das, wonach er sich sehnt und erhalten es dafür doppelt zurück. Die Menschen, die dieses Prinzip verstehen und anwenden, sind die beliebtesten, einflussreichsten und erfolgreichsten.

Geben Sie Ihren Mitmenschen, was sie brauchen und Sie bekommen, was Sie wollen

Im vorigen Kapitel lag der Schwerpunkt darauf, Ihren Mitmenschen Ihre Wünsche schmackhaft zu machen, damit Sie Einfluss auf sie gewinnen. Das ist aber natürlich nicht alles, was Sie sich sichern möchten. Sie möchten, dass andere Menschen Sie sympathisch, anziehend und bewundernswert finden. Sie möchten, dass man gerne auf Sie zukommt, Sie überallhin einlädt und bei anderen gut über Sie spricht. Das alles sind keine Wunschvorstellungen, die zu schön sind, um wahr zu sein. Sie können all das erreichen, wenn Sie bereit sind, Ihren Mitmenschen etwas in Vorleistung zu geben, um es dann doppelt zurückzuerhalten.

Denken Sie einmal an die Menschen, die Sie am meisten mögen und die Ihnen am sympathischsten sind. Warum ist das so? Warum haben Ihre Freunde und Lieblingskollegen einen so besonderen Platz in Ihrem Leben? Was fasziniert Sie an diesen Menschen und was haben sie für Eigenschaften, die dafür sorgen, dass Sie immer wieder den Kontakt zu ihnen suchen? Denken Sie nicht an die Dinge und Eigenschaften, die sich erst im Laufe der Zeit einstellen. Vertrauenswürdigkeit, Ehrlichkeit, Aufrichtigkeit und bedingungslose Hilfsbereitschaft sind nichts, das man einem Menschen beim ersten Kontakt ansieht oder abverlangt. Denken Sie an die viel einfacheren Dinge. Wie ist es dazu gekommen, dass ein Mensch nach dem ersten Kontakt eine

Freundschaft zu Ihnen aufgebaut hat? Warum war das so? Lag es vielleicht an seiner Aufgeschlossenheit? An seinem gewinnenden und natürlichen Lächeln oder vielleicht an seinem Humor, der genau Ihren Geschmack trifft? Oder war es vielleicht auch die simple Tatsache, dass er Wert darauf gelegt hat, Sie so kennenzulernen, wie Sie wirklich sind und Ihnen auch die Gelegenheit gegeben hat, sich so zu präsentieren? Es gibt viele Faktoren, die dafür sorgen, dass Menschen uns auf Anhieb mögen und im Folgenden werden wir uns ein paar davon genauer ansehen.

Verlieren Sie niemals aus den Augen, was allen Menschen wichtig ist: Sie wollen besonders und wichtig sein. Sie wollen bewundert werden und in der Regel möchten sie auch der Mittelpunkt einer Konversation oder Situation sein. Wenn Sie dafür sorgen, dass Ihr Gegenüber sich besonders, wichtig und in den Mittelpunkt gerückt fühlt, werden Sie all das schon bald doppelt zurückerhalten! Ihre Aufgabe ist es, ehrliches Interesse an Ihren Mitmenschen zu zeigen. An dieser Stelle möchte ich klarstellen, dass es dabei nicht darum geht, falsches Interesse vorzutäuschen, um einen Nutzen daraus zu ziehen. Ich meine damit tatsächlich das echte Interesse an der Person, die Ihr Gegenüber ist. Nur auf diese Weise können Sie zu ihr durchdringen und sie für sich gewinnen. Nur auf diese Weise bauen Sie eine ehrliche und wertvolle Freundschaft auf, von der beide Seiten dauerhaft profitieren werden.

Wir Menschen sind alle eigenverantwortlich und haben die Aufgabe, selbstbewusst zu sein und unser Leben zu leben.

Auf unserem Weg begegnen uns viele Menschen und einige davon nehmen einen wichtigen Stellenwert in unserem Leben ein. Am Ende des Tages jedoch sind wir auf uns allein gestellt und stehen selbst in der Verantwortung, das Beste aus unserer Zeit zu machen. Aus diesem Grund ist es nicht verwunderlich, dass ein Mensch in erster Linie an sich selbst denkt. Das ist nichts Schlimmes. Leider denken die meisten Menschen bei dieser Feststellung an ungesunden Egoismus, aber das soll hier nicht das Thema sein. In der Regel interessiert ein einfach denkender Mensch sich am meisten für sich selbst. Diese Tatsache können Sie sich zu Nutze machen! Wenn Sie ein Gespräch mit einem Ihrer Mitmenschen beginnen und ihn, seine Interessen oder seine gegenwärtige Situation zum Hauptthema machen, haben Sie sofort einen gemeinsamen Nenner. Schließlich spricht jeder gerne über sich und das, was ihn aktuell bewegt. Hierzu würde ich Ihnen gerne ein kleines Beispiel geben:

Stellen Sie sich vor, Sie gehen morgens zur Arbeit und dort angekommen stellen Sie fest, dass Sie einen neuen Arbeitskollegen haben. Er kommt auf Sie zu, schüttelt Ihnen die Hand und sagt: „Hi, mein Name ist Ralf, ich bin 46 Jahre alt und arbeite jetzt hier. Ich bin verheiratet und habe drei prächtige Kinder. Letztes Wochenende waren wir campen und hatten dabei einen riesen Spaß. Das liegt daran, dass ich mir letztes Jahr ein neues Wohnmobil gekauft habe. Das Ding ist ein fahrender Palast!“ Hand aufs Herz: Wie würden Sie diesen Menschen anschauen, bzw., was würden Sie über ihn denken? Sie würden sich vermutlich fragen, warum Sie das Ganze interessieren sollte und höchstwahrscheinlich würden Sie Ihren neuen Kollegen nicht besonders mögen, denn was für ein komischer Mensch muss man sein, um ungefragt solche persönlichen Dinge zu erzählen und vor jemandem zu prahlen, den man überhaupt nicht kennt? Würde er jedoch auf Sie zukommen, Sie begrüßen und zuerst nach Ihrem Namen fragen, würden Sie plötzlich wissen wollen, wie er heißt. Und wenn er sagen würde, dass er Sie gerne besser kennenlernen würde und im Laufe des Gesprächs nach Ihrer Familie und Ihren Freizeitaktivitäten fragen würde, würden Sie sich plötzlich auch dafür interessieren, ob er Familie hat und wie er seine Zeit gestaltet, wenn er nicht gerade arbeitet. Hier findet wieder unser simples Prinzip Anwendung: Man schenkt Ihnen ehrliches Interesse und deshalb entwickeln auch Sie ganz automatisch Interesse und Sympathie für Ihr Gegenüber. All Ihre Mitmenschen würden dasselbe empfinden. Das heißt im Klartext: Wenn Sie das Interesse Ihrer Mitmenschen für sich wecken wollen, müssen Sie sich zuerst für sie interessieren! So geben Sie Ihrem Gegenüber die Möglichkeit, selbst zu entdecken, dass Sie sehr interessant und bewundernswert sind, anstatt ihm diesen Eindruck aufzuzwingen. Das würde nämlich nicht funktionieren! Erinnern Sie sich: Sie müssen andere dazu bringen, selbst zu wollen, was Sie eigentlich wollen. Also wecken Sie das Interesse Ihrer Mitmenschen, indem Sie mit Ihrem Interesse in Vorleistung gehen und ihnen anschließend zeigen, wie interessant Sie selbst sind. So einfach ist das.

Es gibt noch weitere Gründe dafür, warum es in Ihrem Interesse liegen sollte, sich für andere zu interessieren.

Stellen Sie sich einmal die Frage, welche Menschen kein Interesse an anderen zeigen. In der Regel sind das rücksichtslose Personen, die eigensinnig und unbedacht handeln. Kriminelle oder gewalttätige Menschen denken in erster Linie immer nur an sich und ihren Vorteil. Das passiert, wenn man den natürlichen und gesunden Egoismus überstrapaziert und kein Gefühl dafür entwickelt, dass wahre Lebensqualität damit zusammenhängt, seine Mitmenschen gut und gerecht zu behandeln. Kriminelle denken nicht an die Schäden, die sie in ihrer Umwelt anrichten. Sie denken nicht daran, dass ihr eigensinniges Handeln das Leben ihrer Mitmenschen negativ beeinträchtigt. Deshalb haben sie niemals dauerhaften Erfolg mit dem, was sie tun. Es ist nicht nur so, dass man sich nicht für sie interessiert oder sie nicht mag. Man meidet und verstößt sie und im schlimmsten Fall sperrt man sie sogar ein. Dagegen empfindet man nur Positives für jene Menschen, die sich aufrichtig für andere interessieren, sich um ihr Wohl bemühen und sich selbst für den Moment in den Hintergrund stellen, weil sie genau wissen, dass sie auf diese Weise die meiste Aufmerksamkeit, Sympathie und Bewunderung erhalten werden.

Lassen Sie uns gemeinsam einen konkreten Blick auf die beste Möglichkeit werfen, Interesse an Ihren Mitmenschen zu beweisen und dabei viel Sympathie und Einfluss zu gewinnen:

Wie Sie jede Konversation zu einem Erlebnis machen

Das direkte Gespräch von Angesicht zu Angesicht ist die beste und effektivste Methode zur Kommunikation zwischen zwei Menschen. Sie sollten diese Art der Kommunikation bevorzugen, denn hier können Sie am meisten gewinnen. Entscheidend ist dabei nicht nur das, was gesagt wird, sondern vor allem, wie es gesagt wird. Wenn Sie die Absicht verfolgen, Ihr Gegenüber für sich zu gewinnen und von sich zu überzeugen, geht es sogar nicht nur darum, was Sie sagen und wie Sie es tun, sondern vor allem, wie gut Sie zuhören und wie viel Aufmerksamkeit Sie beweisen! Wie zuvor erwähnt, geht es in erster Linie darum, dass Sie Ihr Gegenüber in den Vordergrund stellen und ehrliches Interesse zeigen. Dabei geht es aber um viel mehr als jemanden bloß zu fragen, wer er ist, was er gerne macht, wie sein Tag war und dann stumpf zuzuhören. Besonders beliebt machen Sie sich dann, wenn Sie Aufmerksamkeit, ein gutes Gedächtnis und Interaktionen aufbringen. Auf all das werden wir nun gemeinsam eingehen.

Unser Alltag ist oft hektisch und unkoordiniert. Die Zeit fliegt an uns vorbei und anstatt sie genießen zu können, haben wir oft das Gefühl, nur wenig von ihr zu haben. Deswegen rauschen wir durch den Tag und versuchen uns auf das zu konzentrieren, was am wichtigsten ist. Doch was ist eigentlich das Wichtigste? Haben Sie schon einmal daran gedacht, wie viele wichtigen Dinge Sie vernachlässigen, wenn Sie versuchen, sich nur um „Wichtiges“ zu kümmern? Zu diesen vernachlässigten Dingen gehören Ihre Mitmenschen. Wann haben Sie selbst es zum letzten Mal erlebt, dass Ihnen jemand seine volle Aufmerksamkeit geschenkt hat? Jeder ist so sehr mit sich selbst beschäftigt, dass es im Alltag kaum noch Platz für andere gibt. Im Grunde ist das zwar eine traurige Sache, aber gleichzeitig stellt es auch eine Chance für Sie dar. Die Chance, herauszustechen und sich als besonderer Mensch zu kennzeichnen. Indem Sie anderen Ihre Aufmerksamkeit schenken, werden Sie zu jemand Besonderem. Sie gehören dadurch quasi zu einer aussterbenden Art. Gleichzeitig befriedigen Sie den Wunsch nach Geltung und Bedeutsamkeit Ihres Gegenübers. Wichtig ist also, dass Sie Ihren Mitmenschen Ihre volle und ungeteilte Aufmerksamkeit schenken, wenn Sie ein Gespräch beginnen.

Bei einem wirklich anregenden Gespräch geht es nicht darum, dass Sie bedingungslos höflich sind, Ihr Gegenüber die ganze Zeit reden lassen, selbst nie zu Wort kommen und am Ende nichts Anderes getan haben, als Informationen aufzunehmen. Es ist Ihre Aufgabe, Ihren Mitmenschen das Gefühl zu geben, dass das, was sie sagen, wichtig und interessant ist und das tun Sie nicht, indem Sie einfach nur zuhören. Sie müssen interagieren und für eine lebhafte Stimmung sorgen. Stimmen Sie Ihrem Gegenüber zu, indem Sie zwischendurch immer wieder nicken und symbolisieren, dass Sie dem Gespräch aufmerksam folgen. Lächeln Sie dezent an amüsanten Stellen oder lachen Sie ruhig, wenn etwas wirklich komisch ist. Menschen empfinden es als Lob, wenn man über ihre freudigen Erzählungen lacht! Wenn Ihr Gegenüber etwas Interessantes oder Spannendes erzählt, dann verändern Sie zwischendurch leicht Ihre Haltung oder Pose. Beugen Sie sich leicht nach vorne und signalisieren Sie Ihr Interesse am weiteren Verlauf der Handlung. Zeigen Sie auch eine angemessene Reaktion, wenn man Ihnen etwas Trauriges erzählt. Senken Sie leicht den Blick oder schütteln Sie langsam mit dem Kopf, um zu symbolisieren, dass Sie Anteilnahme zeigen. Wenn man Ihnen etwas Empörendes oder Erstaunliches erzählt, dann bauen Sie kleine Ausrufe ein, wie: „Wow“, „Wirklich?“, „Unglaublich!“, oder „Oh nein!“

Stellen Sie sich einmal vor, welche Wirkung diese kleinen Gesten haben. Würden Sie sich etwa mit einem Menschen unterhalten wollen, der emotionslos vor Ihnen sitzt, Ihnen scheinbar desinteressiert zuhört und Ihnen das Gefühl gibt, dass er nur darauf wartet, dass Sie Ihren Sermon endlich beenden? Stellen Sie sich auch vor, wie angenehm es für Sie ist, sich mit jemandem zu unterhalten, der auf die eben beschriebene Weise mit Ihnen interagiert. Würden Sie sich nicht immer wieder darauf freuen, eine Unterhaltung mit diesem Menschen zu beginnen? Würden Sie diesen Menschen nicht dafür mögen, dass er aufmerksamer als alle anderen ist und würden Sie sich deshalb nicht umso mehr für ihn interessieren? All diese positiven Empfindungen können Sie in anderen Menschen wecken, indem Sie ein interaktiver Zuhörer sind. Zusätzlich wird ein Gespräch dadurch auch für Sie viel spannender, da Sie nicht einfach nur teilnahmslos zuhören und dadurch das den Eindruck bekommen, gerade einen Schwall von Worten über sich ergehen zu lassen.

Vielleicht haben Sie Schwierigkeiten damit, ein Gespräch zu beginnen, weil Sie nicht so recht wissen, worüber Sie sprechen sollen oder wie Sie das Ganze ins Rollen bringen. Das macht überhaupt nichts, denn das Wunderbare an der ganzen Sache ist ja, dass Ihr Gegenüber die ganze Arbeit übernimmt! Im Grunde genommen müssen Sie nur ganz Grob etwas über eine Person wissen, um mehr über sie zu erfahren. Vielleicht gibt es in Ihrem direkten Umfeld einen Menschen, zu dem Sie eine schwierige Beziehung haben und Sie wünschen sich schon seit längerer Zeit, das zu ändern. Denken Sie in diesem Fall immer daran, dass der Schlüssel darin liegt, ehrliches Interesse zu zeigen. Fragen Sie ihn nach seinen Interessen oder wenn Sie eine davon kennen, dann sprechen Sie ihn direkt darauf an und tauschen Sie sich ein wenig aus. Hören Sie interaktiv zu, wie eben beschrieben und Ihr Gegenüber wird schnell das Gefühl haben, wahrgenommen zu werden und Sympathie für Sie entwickeln. Wir Menschen sind zwar höchst komplexe Wesen, aber im Grunde genommen sind wir alle sehr simpel gestrickt. Erst wenn es in die Details und die Individualität geht, wird es kompliziert. Vergessen Sie das niemals, denn das Bewusstsein darüber kann und wird Ihnen sämtliche Türen im Leben öffnen!

Je besser Ihr Gespür für die Interessen Ihres jeweiligen Gegenübers ist, desto leichter wird es Ihnen fallen, Freunde zu gewinnen. Erst wenn Sie Interesse im Voraus geben, werden Sie es zurückerhalten. Je genauer Sie auf die Interessen der anderen eingehen, desto größer wird das Interesse sein, das man an Ihnen entwickelt!

Ein weiteres Merkmal, das dafür sorgt, dass Sie Ihre Mitmenschen für sich gewinnen, ist ein gutes Gedächtnis. Wenn Sie nicht nur interaktiv zuhören, sondern sich das Gesagte auch merken, dann sichern Sie sich einige Vorteile, die nicht nur den Verlauf des Gespräches, sondern auch die Beziehung zu Ihrem Gegenüber positiv beeinflussen. Wenn Sie ein zufriedenstellendes Gespräch mit jemandem führen und sich dann für eine Weile nicht mehr sehen, haben Sie beim nächsten Wiedersehen die perfekte Möglichkeit, daran anzuknüpfen, wo Sie zuvor aufgehört haben. Sprechen Sie das Thema der letzten Unterhaltung an und fragen Sie, wie die Dinge sich inzwischen entwickelt haben. Auf diese Weise merkt Ihr Gegenüber, dass Ihr Interesse beim letzten Mal aufrichtig war und es auch immer noch ist. Weiterhin geben Sie ihm das Gefühl, dass das, was er zu sagen hat, wichtig ist und das ist es schließlich, was wir alle wollen: Wichtig sein. Für Ihre Mitmenschen ist es ein sehr großes Kompliment, wenn Sie sich Details merken. Wenn Sie jemandem zum ersten Mal begegnen, dann versuchen Sie, sich die wichtigsten Dinge zu merken: Name, Beruf, Familienstand, Alter, Hobbies, persönliche Interessen, usw. Mit all diesen Daten stellen Sie nicht nur Ihre Aufrichtigkeit und Authentizität unter Beweis, sondern sichern sich auch Punkte zum Anknüpfen für zukünftige Gespräche. Mit der Zeit werden Ihre Mitmenschen unterbewusst das Gefühl bekommen, sich mehr Mühe geben zu müssen, um Ihnen gerecht zu werden, da Sie schließlich immer so aufmerksam und angenehm sind! Ein weiterer Vorteil des guten Gedächtnisses ist, dass Sie die Möglichkeit haben, lustige Erzählungen oder Erlebnisse wieder aufleben zu lassen, um so für eine heitere Stimmung zu sorgen.

Fragen Sie andere hin und wieder nach ihrer Meinung. So geben Sie ihnen das Gefühl, dass sie Ihnen wichtig sind und dass ihre Meinung eine Rolle bei Ihrer Entscheidungsfindung für bestimmte Dinge spielt. Menschen mögen es gerne, nach ihrer Meinung gefragt zu werden. Denken Sie immer daran, dass es nur wenig gibt, über das Menschen so gerne sprechen wie über sich selbst, ihre Meinung oder ihre Bedeutsamkeit. Die Entscheidungen, die Sie letztendlich treffen, müssen nicht die sein, die man Ihnen vorschlägt. Wichtig ist nur, dass Sie Interesse zeigen und Ihrem Gegenüber das Gefühl geben, er habe etwas Wichtiges beizusteuern. Natürlich muss das kein falsches Interesse sein und das bedeutet auch nicht, dass Sie jemandem etwas vormachen. Es geht um die Geste, mit der Sie das freundschaftliche Verhältnis stärken und Vertrauen schenken, indem Sie bei einer Entscheidungsfindung die Meinung eines Mitmenschen zu Rate ziehen. In den meisten Fällen ist es sogar so, dass jemand anderes Ihnen neue Perspektiven eröffnet, über die Sie zuvor noch gar nicht nachgedacht haben. Auch das kann zu einem interessanten Meinungsaustausch führen, der Sie wiederum noch interessanter macht!

Aufmerksamkeit, Interaktion und ein gutes Gedächtnis sind die Hauptmerkmale, die dafür sorgen, dass Sie aus einer Konversation ein Erlebnis für beide Seiten machen. In der heutigen Zeit hat ein Gespräch von Angesicht zu Angesicht nicht mehr einen so hohen Stellenwert wie noch vor ein paar Jahren. Inzwischen hat jeder ein Smartphone und anstatt sich persönlich zu treffen, kann man Angelegenheiten ganz einfach mit einem Telefonat oder sogar per Schriftverkehr am Telefon klären. Wenn Sie jedoch Wert auf persönliche Gespräche legen, zeigen Sie, dass Sie außergewöhnlich sind und dass Ihre Mitmenschen es Ihnen wert sind, sich die Zeit für ein persönliches Treffen einzurichten. Man wird Ihnen dafür eine hohe Wertschätzung entgegenbringen und sich im Gegenzug auch entsprechend Zeit für Sie nehmen. Denken Sie daran, dass Sie das Gute, das Sie Ihren Mitmenschen geben, verstärkt zurückerhalten. Nutzen Sie die vielen aufgezeigten Möglichkeiten, ein Gespräch zu gestalten und ziehen Sie möglichst viel Positives aus jeder Begegnung. Mit der Zeit wird es Ihnen immer leichter fallen, angenehme Konversationen ins Rollen zu bringen und entsprechend werden Sie mehr Freundschaften schließen, mehr Sympathien und auch mehr Einfluss gewinnen. Denken Sie immer daran, wie positiv Sie es empfinden würden, das von Ihrem Gegenüber zu erhalten, was Sie ihm geben. Daran können Sie stets erkennen, dass Sie alles richtig machen.

Was jeder hören möchte

Menschen lieben Komplimente. Viele behaupten zwar von sich, sie könnten nicht damit umgehen, aber das liegt schlicht und einfach an der Tatsache, dass sie nur selten welche erhalten. Sie können sich das zu Nutze machen, indem Sie Ihren Mitmenschen hin und wieder ein Kompliment machen. Ich kann nicht oft genug wiederholen, dass Menschen sich bedeutend und wichtig fühlen möchten. Sie möchten für das, was sie sind oder tun, bewundert werden und sie möchten das auch mitgeteilt bekommen. Also warum tun Sie ihnen nicht den Gefallen? Für Sie stellt das keine große Herausforderung dar. Mit einer winzig kleinen Geste können Sie sehr viel Zuneigung gewinnen und dafür sorgen, dass Ihre Mitmenschen in Zukunft auch Ihnen mehr Komplimente machen werden.

Natürlich sollten Sie sich nicht penetrant bei anderen einschleimen und den Eindruck erwecken, dass Sie es nötig haben, um ihre Gunst zu buhlen. Ein wirksames Kompliment besteht aus einer netten, anerkennenden, freundlichen und vor allem aufmerksamen Bemerkung. Am wichtigsten ist hierbei die Aufmerksamkeit! Wenn Sie wissen, was Ihr Gegenüber aktuell beschäftigt, verunsichert oder freut, können Sie die stärkste positive Wirkung erzielen. Hierfür würde ich Ihnen gerne ein paar konkrete Beispiele nennen:

Ihre Arbeitskollegin war beim Friseur und kommt mit einem völlig neuen Haarschnitt zur Arbeit. Bevor Sie sich Gedanken darüber machen, wie Sie diese Frisur finden, sollten Sie die Situation aus einem logischen Blickwinkel betrachten. Im Grunde genommen kann es Ihnen persönlich egal sein, wie sie aussieht. Sie haben durch ihre neue Frisur weder einen Vor-, noch einen Nachteil. Weiterhin müssen Sie nicht damit leben. Deswegen sollten Sie sich auf keinen Fall negativ dazu äußern, selbst wenn Sie selbst niemals so aussehen wollten. Weiterhin sollten Sie daran denken, dass Ihre Kollegin ganz bestimmt nicht zum Friseur gegangen ist, um danach schlechter auszusehen. Sie hegt die Hoffnung, gut auszusehen, ihren Mitmenschen zu gefallen und für ihr Aussehen bewundert zu werden. Der letzte und wichtigste Aspekt ist, dass sie etwas Neues ausprobiert hat und sich noch unsicher ist, ob das eine gute Entscheidung war. Sie hat vermutlich noch keine Bestätigung oder Reaktion auf ihre äußerliche Veränderung erhalten und deswegen ist das die perfekte Gelegenheit für Sie, Sympathiepunkte zu sammeln! Lächeln Sie und sagen Sie: „Hey, die neue Frisur steht dir echt gut!“ Das war es schon. Mehr braucht es nicht, um einem Menschen den Tag zu versüßen und seine Gunst zu gewinnen. Wenn Sie jemanden für eine Frisur loben, die seit eh und je unverändert ist, werden Sie dafür keine Freude, sondern eher Verwunderung ernten. Wieso sollten Sie urplötzlich für etwas ein Kompliment aussprechen, das Ihnen sonst nie aufgefallen ist? In diesem Beispiel ist das jedoch anders: Ihre Kollegin hat etwas Neues ausprobiert und ist verunsichert. Sie können sie sowohl mit einem negativen Kommentar herunterziehen, als auch ihre Sympathie mit einem Kompliment gewinnen. Aufmerksamkeit ist der Schlüssel zu einem wirksamen Kompliment, denn nur wenn Sie aufmerksam sind, entdecken Sie, wobei ein Mitmensch gerade Bestätigung oder Lob braucht.

Immer dann, wenn Sie merken, dass jemand etwas Bestimmtes tut, um bewundert zu werden oder Aufmerksamkeit zu erhalten, ist das für Sie eine gute Gelegenheit, ein kleines Kompliment auszusprechen. Loben Sie andere für besondere Leistungen, bei denen sie viel Engagement bewiesen haben. Zeigen Sie etwas ehrliche Wertschätzung und Sie werden Dankbarkeit erfahren. Gönnen Sie anderen Menschen teure Anschaffungen, für die sie lange gespart haben, indem Sie ein kleines Wort des Lobes aussprechen. Gönner sind wesentlich beliebter als Neider!

Teilen Sie Ihren Mitmenschen mit, was Sie an ihnen bewundern. Wenn jemand immer lächelt und sich auch von den schwierigsten Ereignissen im Leben nicht herunterziehen lässt, dann teilen Sie ihm mit, dass Sie ihn dafür bewundern. Wenn jemand einen schweren Schicksalsschlag erlitten hat, aber trotzdem mutig bleibt und den Alltag mitsamt all seinen Herausforderungen meistert, dann unterstützen Sie ihn mit ein paar aufmunternden Worten des Lobes. Ein wenig Anerkennung kann so viel Gutes tun. Tun Sie so viel Gutes wie möglich.

Unterstützen Sie jeden noch so kleinen Erfolg Ihrer Mitmenschen. Denken Sie daran, dass Erfolg etwas ist, das wahrgenommen werden möchte. Jeder tut sein Bestes, um erfolgreich zu sein und schon ein kleines Lob kann für viele Menschen wirksamer als eine helfende Hand sein. Ein wenig Anerkennung und Wertschätzung können Motivation erschaffen, wo zuvor Stagnation und Verzweiflung herrschten. So gewinnen Sie ehrliche und wohlwollende Unterstützer, die Sie motivieren werden, wenn Sie sich für eine bestimmte Sache engagieren.

Ihre Mitmenschen werden sich an Ihre Komplimente und Ihr Lob erinnern. Sie werden Ihnen all das Gute zurückgeben, was Ihre Zufriedenheit nachhaltig steigern wird. Es wird Ihr Selbstwertgefühl und Ihre Lebensqualität verbessern. Abseits all dieser positiven Wirkungen sollten wir auch festhalten, dass es sich immer lohnt, ein wenig selbstlos zu sein und anderen eine Freude zu machen. Aufmerksam zu sein und jemandem ein Kompliment zu machen, ist nichts Anstrengendes und kostet Sie keine Arbeit und auch nicht nennenswert viel Zeit. Selbst, wenn für Sie kein offensichtlicher Vorteil dabei ersichtlich wäre, sollten Sie es trotzdem tun. Das Schöne daran ist jedoch, dass es Ihnen viele Vorteile bringt. Aufmerksame und geschickt platzierte Komplimente sind ein hervorragendes Investment in andere Menschen. Sie investieren ein wenig Aufmerksamkeit und ehrliche Wertschätzung und erhalten dafür Dankbarkeit, Sympathien, Einfluss und Freundschaft.

Entwickeln Sie ein Gespür dafür, was Ihr Gegenüber gerade gut gebrauchen könnte. Sei es ein offenes Ohr, einen guten Rat, ein anregendes Gespräch, ein kleines Kompliment oder einfach nur ein wenig Interesse. Finden Sie heraus, was Ihre Mitmenschen gerade brauchen und geben Sie es ihnen.

Alles, was Sie in diesem Kapitel kennengelernt haben, kostet Sie nicht viel Zeit oder Energie. All das sind kleine Investitionen in zwischenmenschliche Beziehungen, aus denen Sie langfristig sehr viel Positives gewinnen werden. Denken Sie nicht nur über das Gelesene nach, sondern probieren Sie es direkt in Ihrem alltäglichen Leben aus. Sie werden erstaunt sein, wie schnell kleine Wunder geschehen werden!

Wie Sie jedes Herz und jede Tür öffnen

Es gibt etwas Wunderbares an Ihnen, das jedes Herz und jede Tür öffnet und andere Menschen wie ein Magnet anzieht. Es ist Ihr natürliches Lächeln. Es gibt nichts Attraktiveres an Ihnen und nichts anderes, das Ihre Freude, Freundschaft und Aufgeschlossenheit so treffend ausdrücken kann. Was glauben Sie, warum es zum Beispiel ideal ist, auf einem Foto zu lächeln? Weil es ganz einfach die Pose ist, die uns am besten aussehen lässt. Aber warum erzähle ich Ihnen das alles? Aus dem ganzen einfachen Grund, dass Ihr Lächeln dazu führt, dass Sie viele Freunde gewinnen, Menschen in Ihren Bann ziehen und Einfluss auf sie gewinnen. Wenn Sie Ihre Mitmenschen von sich überzeugen wollen, dann spielt Ihr Lächeln und alles, was dahintersteckt, eine entscheidende Rolle dabei. Was alles dahintersteckt, werden wir uns in diesem Kapitel näher ansehen.

Wie immer sollten Sie sich zu allererst die Frage stellen, wie das, was Sie in diesem Buch lesen, wohl auf Sie persönlich wirken würde, wenn Sie es durch einen Ihrer Mitmenschen erfahren würden. Stellen Sie sich vor, wie jemand erhobenen Hauptes, mit einem herzlichen Lächeln auf den Lippen auf Sie zukommt und die Hand ausstreckt, um Sie zu begrüßen. Alleine in Ihren Gedanken macht diese fiktive Person schon einen sympathischen Eindruck, nicht wahr? Stellen Sie sich auch das genaue Gegenteil vor. Hätten Sie Interesse daran, mit jemandem ins Gespräch zu kommen, der grimmig umherschaut, die Schultern hängen lässt und Sie noch nicht einmal eines Blickes in die Augen würdigt? Selbstverständlich nicht. Es muss noch nicht einmal so ein negatives Extrem sein, das uneinladend wirkt. Wenn ein lächelnder und ein nicht lächelnder Mensch nebeneinander stehen würden und Sie sich dafür entscheiden müssten, mit wem Sie ein Gespräch beginnen, würden Sie sich instinktiv immer für die lächelnde Person entscheiden. Wir können uns nicht dagegen wehren, ein Lächeln einladend und anziehend zu finden. Gutes Aussehen ist Geschmackssache, aber es ist egal, ob Sie einen Menschen attraktiv finden oder nicht: Sobald er lächelt, fühlen Sie sich zu ihm hingezogen.

Wenn Sie Ihre Mitmenschen anlächeln, geben Sie ihnen das Gefühl, dass Sie sich freuen, sie zu sehen. Sie geben ihnen das Gefühl, besonders zu sein und Freude in Ihnen auszulösen. Erinnern Sie sich daran, was John Dewey sagte? Genau: Menschen wollen bedeutend sein. Ihr stärkster Trieb ist es, wichtig zu sein und mit einem einfachen Lächeln können Sie genau dieses Gefühl vermitteln, ohne ein Wort sagen zu müssen.

Ist Ihnen schon einmal aufgefallen, dass sich die Stimme eines Menschen verändert, wenn er beim Lächeln spricht? Tatsächlich kann man ein Lächeln auch hören und unterbewusst empfinden wir diesen Klang als besonders angenehm. Ihr Lächeln wirkt also nicht nur visuell auf Ihr Gegenüber!

Selbstverständlich sollte Ihr Lächeln immer echt und natürlich sein. Das hat zwei Gründe:
Der erste ist, dass man einem Menschen sofort ein künstliches Lächeln ansehen kann. Es gehört eben mehr dazu, als nur die Mundwinkel hochzuziehen. Einen echten Ausdruck der Freude erkennt man vor allem daran, dass die Augen „leuchten". Der zweite und viel wichtigere Grund ist, dass Sie wesentlich mehr Lebensqualität erfahren werden, wenn Sie sich zu einem Menschen entwickeln, der immer wieder einen Grund zum ehrlichen Lächeln findet. Gibt es in Ihrem Umfeld vielleicht einen Menschen, der nahezu immer lächelt und gute Laune hat? Von solchen Menschen sagt man, dass sie die Sonne zum Aufgehen bringen, wenn sie einen Raum betreten. Und wenn sie einmal traurig sind, dann fühlt man sich sofort schlecht und möchte etwas dagegen unternehmen. Heiterkeit ist eine erstrebenswerte Eigenschaft, die das Leben wesentlich leichter macht. Instinktiv haben wir das Bedürfnis, glückliche und fröhliche Menschen zu unterstützen und ihnen ihre Erfolge zu gönnen. Wäre es nicht schön, wenn auch Sie alleine durch Ihre natürliche Wirkung auf andere dafür sorgen könnten, dass Sie stets Unterstützung und Sympathien erhalten?

Wenn Sie möchten, dass das Geheimnis der Anziehung zu Ihren Gunsten wirkt, dann müssen Sie verstehen, dass es um mehr geht, als einfach nur ein paar effektive Methoden anzuwenden, um andere Menschen zu beeinflussen. Das, was wirklich dahintersteckt, ist eine Weiterentwicklung Ihrer Persönlichkeit. Was andere Menschen dazu bringt, Sie zu mögen, Ihnen zu vertrauen und Sie zu bewundern, sind nicht irgendwelche bestimmten Taten, die Sie in diesem Buch vorgeschrieben bekommen. Das Ausschlaggebende sind immer Ihr Wesen und Ihre diesem Wesen entsprechenden Handlungen und Vorgehensweisen. Auch wenn Ihr Lächeln jeden Menschen von Ihnen überzeugen kann, sollten Sie den Fokus nicht darauf legen, Ihr Lächeln vor dem Spiegel zu üben, damit es irgendwann täuschend echt aussieht. Das Hauptaugenmerk sollte darauf liegen, sich als Persönlichkeit weiterzuentwickeln und das Leben von seinen positiven Seiten zu sehen. So werden Sie Tag für Tag immer mehr Gründe zur Heiterkeit finden und feststellen, dass Sie damit andere Menschen wie auf magische Art und Weise anziehen.

Es gibt so viele alltägliche Situationen, in denen Sie feststellen können, dass Ihr Lächeln ansteckend ist. Wenn Sie zum Beispiel eine Bäckerei betreten und dort eine schlecht gelaunte Verkäuferin antreffen, können Sie mit Ihrem Lächeln und Ihrer freundlichen Begrüßung ein kleines Wunder bewirken und ihre Laune aufhellen. Sie glauben nicht, dass das funktioniert? Probieren Sie es aus! Einem sehr guten Freund von mir wird nachgesagt, dass er Menschen aufmuntern kann, ohne dafür auch nur ein einziges Wort verwenden zu müssen. Und es stimmt! Sein gewinnendes Lächeln lässt einem keine andere Wahl, als sich zu ihm hingezogen zu fühlen und auch zu lächeln. Auch Sie haben dieses gewinnende Lächeln! Die Frage ist nur, ob Sie sich dessen auch bewusst sind. Wenn Sie dieses Kapitel mit Argwohn lesen und es albern finden, dass Ihr Lächeln der Schlüssel zu Ihren Mitmenschen sein soll, dann können wir mit Sicherheit davon ausgehen, dass Sie (noch) zu grimmig sind und zu wenige Erfahrungen darin gesammelt haben, was Ihr Lächeln bewirken kann. Deshalb sollten Sie etwas Aufgeschlossenheit zeigen und neue Wege gehen. Lächeln Sie, wann immer Sie können und Sie werden feststellen, dass Ihre Beziehungen zu Ihren Mitmenschen sich wie von ganz alleine verbessern werden.

Optimismus und Zuversicht sind besonders wertvolle Eigenschaften, die Ihnen nicht nur den Alltag erleichtern, sondern auch dafür sorgen, dass Ihre Mitmenschen Sie bewundern und den Kontakt zu Ihnen suchen. Im alltäglichen Leben stehen wir vor zahlreichen Herausforderungen und die Zukunft ist stets ungewiss. Viele Menschen fühlen sich deshalb unsicher und fürchten sich vor dem, was potenziell noch kommen könnte. Die Folge ist, dass sie eine dauerhafte Unzufriedenheit entwickeln und ihr Selbstvertrauen verlieren. Mit ehrlichem Optimismus strahlen Sie eine Sicherheit aus, die dem entgegenwirkt. Ihre Mitmenschen werden merken, dass Sie die Fähigkeit haben, immer das Gute in allen Dingen zu sehen und werden davon beeindruckt sein. Sie werden dauerhaft den Kontakt zu Ihnen suchen und dankbar dafür sein, dass Sie ihnen mit Ihrer Zuversicht und Heiterkeit helfen, mit ihren Unsicherheiten umzugehen. Wie gut das wirkt, können Sie ganz leicht feststellen, indem Sie an den optimistischsten Menschen denken, den Sie kennen. Ich selbst kenne diese bestimmte Person zwar nicht, kann Ihnen aber mit Sicherheit sagen, dass es sich um einen Menschen handelt, der nahezu alles locker nimmt und auf beinahe erschreckende Art und Weise bei allem erfolgreich ist, was er in Angriff nimmt. Habe ich Recht? Kennen Sie so jemanden? Sehr gut. Nun verstehen Sie übrigens auch besser, weshalb Sie sich zu ihm hingezogen fühlen. Weiterhin können Sie sich nun besser vorstellen, wie sehr Sie die Aufmerksamkeit und Bewunderung Ihrer Mitmenschen auf sich ziehen können, wenn Sie sich auch nur eine kleine Scheibe davon abschneiden. Abseits davon helfen Ihnen Optimismus und Zuversicht auch dabei, mit Ihren eigenen Sorgen und Ängsten besser umzugehen und sie nach und nach abzubauen!

Ein Lachen oder Lächeln ist nicht immer nur ein Ausdruck von Freude und Herzlichkeit, sondern auch die Reaktion darauf, wenn Sie etwas lustig finden und das ist ganz offensichtlich etwas sehr Positives. Schließlich haben Sie sich wahrscheinlich noch nie gedacht, wie furchtbar Ihr Tag war, weil Sie die ganze Zeit lachen mussten. Wenn Sie sich schlecht und demotiviert fühlen, dann braucht es manchmal nur ein komisches Ereignis, um Ihre Stimmung augenblicklich zu verbessern. Lachen ist schön und erstrebenswert und noch schöner ist es, wenn man gemeinsam über etwas lachen kann. Aus diesem Grund ist Humor eine sehr anziehende Eigenschaft, mit der man sich augenblicklich Freunde machen kann. Humorvolle Menschen sind sehr beliebt und oft der Mittelpunkt einer Konversation. Keine Sorge, Sie müssen kein geborener Scherzkeks sein, um Ihre Mitmenschen von Ihrem Humor zu überzeugen. Es reicht vollkommen aus, wenn Sie ehrlich über lustige Dinge und Ereignisse lachen können und Ihr

Lachen auch nicht verstecken. Das sollten Sie übrigens niemals tun, denn Ihr Lachen ist immer schön und einladend!

Lernen Sie, hin und wieder über sich selbst zu lachen und auch stärkere Rückschläge im Alltag mit Humor zu nehmen. Tatsächlich bringt es Ihnen absolut gar nichts, wenn Sie sich ärgern, sich von negativen Ereignissen herunterziehen lassen oder einen Groll gegen andere Menschen hegen. Ganz im Gegenteil, dadurch verschlechtern Sie Ihre Situation nur. Wenn Sie jedoch Humor beweisen und gelegentlich über kleinere Missgeschicke lachen oder schmunzeln, können Sie dabei nur gewinnen! Sich selbst nicht allzu ernst zu nehmen und die Bereitschaft, Negatives locker zu nehmen, sind Merkmale ausgeglichener, erfolgreicher und zufriedener Menschen. Das wiederum wirkt beeindruckend und anziehend auf Ihre Mitmenschen. Wie Sie sehen, gibt es wirklich zahlreiche Möglichkeiten, Ihre Menschen mit Aufgeschlossenheit und einem Lächeln für sich zu gewinnen. In der Summe können all diese kleinen Möglichkeiten dafür sorgen, dass Ihr Leben sich schlagartig zum Positiven verändert. Tun Sie also mehr, als nur diese Zeilen zu lesen. Handeln Sie. Probieren Sie es aus. Lächeln und lachen Sie!

Im Folgenden möchte ich noch auf einen weiteren sehr wichtigen Punkt eingehen, der entscheidend dafür ist, wie eine Beziehung zu einem Mitmenschen sich in der Zukunft entwickeln wird.

Mit Sicherheit kennen Sie das Sprichwort: „Der erste Eindruck zählt." Ich bin zwar kein großer Freund von Sprichwörtern aus dem Volksmund, aber diesem hier gibt es nicht viel hinzuzufügen. Wenn Sie einen Menschen kennenlernen, ist der erste Eindruck entscheidend dafür, ob Sie mehr von ihm erfahren oder nie wieder etwas von ihm hören werden. Viele Menschen glauben, dass es beim ersten Kennenlernen um rein oberflächliche Dinge wie das Aussehen geht, aber das ist nicht richtig. Mit Sicherheit spielen die Optik eines Menschen und die ästhetischen Präferenzen des Gegenübers auch eine Rolle, aber darauf werden wir noch im zweiten Teil des Buches zu sprechen kommen. Viel wichtiger als all das sind einige Merkmale, auf die wir nun näher eingehen werden.

Ihr Ziel ist es natürlich, Menschen kennenzulernen und eine freundschaftliche Beziehung zu ihnen aufzubauen, sodass diese Sie mit der Zeit immer mehr mögen, bewundern und Ihnen vertrauen. Deshalb müssen Sie Ihr Gegenüber bei der ersten Begegnung davon überzeugen, dass Sie sympathisch, bewundernswert und vertrauenswürdig sind. Ich gehe fest davon aus, dass all diese Eigenschaften auf Sie zutreffen. Aber wie soll Ihr Gegenüber das wissen, wenn Sie es ihm nicht mitteilen? Es ist Ihre Aufgabe, das Interesse Ihrer Mitmenschen auf ganz natürliche Weise zu wecken und sich von Ihrer besten Seite zu zeigen. Da wir bereits ausführlich darauf eingegangen sind, wie Sie andere Menschen dazu bringen, sich für Sie zu interessieren, haben Sie schon wertvolle Vorkenntnisse, die wir nun gemeinsam erweitern wollen.

Wenn Sie einem Menschen zum ersten Mal begegnen, sollten Sie natürlich ehrlich und herzlich lächeln. So geben Sie Ihrem Gegenüber das Gefühl der Freude und Bewunderung, nach dem er sich instinktiv sehnt, noch bevor Sie das erste Wort gesprochen haben. Ihre Körpersprache sollte immer eindeutig sein: Halten Sie Ihren Oberkörper aufrecht, verschränken Sie nicht die Arme oder Beine und halten Sie vor allem beim Handschlag Augenkontakt. Es ist erstaunlich, wie viele Menschen den Fehler machen, Augenkontakt zu vermeiden! Wenn Sie zuvor gesessen haben, dann stehen Sie für die Begrüßung kurz auf, denn so geben Sie Ihrem Gegenüber das Gefühl, dass er für Sie wichtig ist. Alleine mit diesen kleinen Gesten in einem so kurzen Moment können Sie die Wertschätzung und Aufmerksamkeit eines Menschen gewinnen. Beweisen Sie ehrliches Interesse, Freundlichkeit, Selbstbewusstsein und Aufgeschlossenheit. Ein Kennenlernen ist ein freudiger Anlass und genau das sollten Sie auch ausstrahlen: Dass Sie sich darüber freuen, eine neue Bekanntschaft zu machen. Sie können sich sicher sein, dass diese Empfindung auf Gegenseitigkeit beruhen wird!

Auch beim ersten Händedruck gibt es Wichtiges zu beachten: Er sollte angenehm fest und entschlossen sein. Wenn Sie Ihre Hand leblos in eine andere legen, machen Sie einen unmotivierten und wenig erfreuten Eindruck. Wenn Sie sehr fest zudrücken, ist das offensichtlich unangenehm und signalisiert entweder, dass Sie verkrampft sind oder dass Sie böse Absichten haben. Falls Sie das nicht glauben möchten, empfehle ich Ihnen, das Ganze einmal mit einer Person zu üben, der Sie vertrauen. Sie werden sich mit Sicherheit darüber amüsieren, welch unterschiedliche Assoziationen ein Händedruck auslösen kann. Entscheiden Sie sich letztendlich für den Händedruck, den Sie am angenehmsten finden.

Viele Menschen machen den Fehler, beim ersten Kennenlernen zwanghaft beeindruckend wirken zu wollen. Sie geben sich extra lässig oder besonders „cool", obwohl das eigentlich überhaupt nicht zu ihnen passt, weil sie denken, dass ihr Gegenüber das gut finden oder erwarten könnte. Die Wahrheit ist, dass die Erwartungen Ihres Gegenübers vollkommen irrelevant sind. Sie gewinnen immer dann, wenn Sie sich ganz natürlich geben, denn so sind Sie am überzeugendsten. Spielen Sie keine Rolle, denn Ihre Mitmenschen sollen die Chance haben, Sie so kennenzulernen, wie Sie sind und so wird auch die intensivste soziale Bindung entstehen! Es ist egal, ob Sie aus verschiedenen Kulturen kommen oder verschiedenen sozialen Gruppen angehören. Solange Sie freundlich sind, lächeln und sich von Ihrer besten Seite zeigen, haben Sie die größte Chance, Sympathien und Einfluss zu gewinnen.

Vergessen Sie nicht, dass Sie das Interesse Ihrer Mitmenschen wecken, indem Sie sich ehrlich für sie interessieren. Denken Sie immer wieder an die drei Faktoren für eine gelungene Konversation: Aufmerksamkeit, ein gutes Gedächtnis und Interaktion. Beweisen Sie, dass Sie ein guter und interessierter Zuhörer sind und Sie werden schnell feststellen, dass man beginnen wird, sich für Sie zu interessieren. Gehen Sie auf das ein, was man Ihnen erzählt, seien Sie freundlich und halten Sie die heitere Stimmung aufrecht.

Es ist nicht immer so, dass Sie spontan oder zufällig neue Bekanntschaften schließen. Manchmal machen Sie Termine mit Menschen, die Sie noch nie zuvor gesehen haben und in diesem Fall haben Sie den Vorteil, sich vorbereiten zu können. Wenn Sie jemanden kennen, der diese Person bereits kennt, dann erkundigen Sie sich bei ihm nach Hobbies oder Interessen der Person, die Sie bald treffen werden. Mithilfe einer kleinen Internetrecherche können Sie ein paar Informationen zu den besagten Hobbies und Interessen sammeln und somit dafür sorgen, dass Sie bei der ersten Begegnung ein anregendes Gespräch führen werden, da Sie ein adäquates Gesprächsthema haben und mit ein wenig Wissen glänzen können. Sie müssen sich nicht als Experte ausgeben und können ehrlich zugeben, dass Sie nur ein wenig über das Fachgebiet des Anderen wissen. Dieses Bisschen ist jedoch viel wertvoller, als keine Ahnung zu haben, worüber man sich unterhalten soll.

Wenn Sie einen Menschen kennenlernen würden und er würde genau das Verhalten an den Tag legen, das ich vorhin beschrieben habe, wie würden Sie ihn wohl wahrnehmen?

Wären Sie nicht von seiner Freundlichkeit und Aufgeschlossenheit beeindruckt und wären Sie nicht anschließend gut gelaunt? Würden Sie sich nicht wünschen, diesen Menschen bald wiederzusehen, um mehr über ihn zu erfahren und ihm auch mehr von sich zu erzählen? Würden Sie nicht Freunden und Familie von dieser angenehmen Begegnung erzählen wollen? Mit all den kleinen beschriebenen Gesten können Sie dafür sorgen, dass man Sie genau so wahrnimmt. Probieren Sie es aus!

Man kann gar nicht oft genug betonen, wie wichtig das erste Kennenlernen in Bezug auf das Geheimnis der Anziehung ist. Im Grunde genommen können Sie Menschen jederzeit von sich überzeugen, egal wie lange Sie sich bereits kennen. Aber wenn Sie eine neue Bekanntschaft schließen und schon von Anfang an alles „richtig" machen, können Sie es sich sehr leicht machen und mehr Vorteile aus der ersten Begegnung gewinnen, als Sie aktuell vermutlich denken würden. Selbstverständlich spielt auch Ihr Erscheinungsbild eine Rolle bei dem Ganzen, aber wie bereits erwähnt, werden wir uns im zweiten Teil des Buches noch damit auseinandersetzen. Ihr optischer Eindruck ist ein positiv verstärkender Zusatz, aber nicht das Ausschlaggebende. Einfach gesagt bedeutet das: Stellen Sie sich vor, Sie würden einer sehr gut aussehenden und stilvoll gekleideten jungen Frau begegnen, aber schon nach kurzer Zeit feststellen, dass sie unhöflich, schlecht gelaunt und desinteressiert ist. Würden Sie diesem Menschen noch einmal begegnen wollen? Vermutlich nicht. In solchen Fällen hilft auch gutes Aussehen nicht weiter. Lassen Sie sich also niemals einreden, beim ersten Kennenlernen käme es auf Oberflächlichkeit an!

Genauso wie Menschen bewundert werden wollen, lassen sie sich gerne durch bewundernswerte Mitmenschen beeindrucken. Niemand lässt sich gerne herunterziehen oder unhöflich behandeln. Seien Sie deswegen immer aufgeschlossen, höflich und humorvoll. Lächeln Sie viel, denn so sehen Sie nicht nur am besten aus, sondern geben Ihren Mitmenschen auch ein gutes Gefühl. Sie vermitteln ihnen damit den Eindruck, dass Sie sich auf sie freuen. Wenn Ihre Mitmenschen sich bei Ihnen willkommen fühlen, werden sie immer wieder auf Sie zukommen, denn Ihr Lächeln übt eine ganz natürliche Anziehung aus. Es mag vielleicht banal wirken, aber Ihr Lächeln, Ihre Aufgeschlossenheit, Ihr Optimismus und Ihre Zuversicht sind wichtige Schlüsselelemente, die das Geheimnis der Anziehung ausmachen. Je mehr Sie lächeln, desto mehr Freude werden Sie verbreiten und auch selbst empfinden. Je mehr Freude Sie verbreiten, desto mehr davon erhalten Sie zurück. Je mehr Freude Sie empfinden, desto mehr Lebensqualität werden Sie erfahren. Je mehr Lebensqualität Sie erfahren, desto leichter wird es Ihnen fallen, Missgeschicke im Alltag mit Humor zu nehmen. Dies wiederum sorgt, dass Ihre Mitmenschen Sie für Ihre Leichtigkeit bewundern. Es sind die simplen Prinzipien, die das Leben so wunderbar machen. Wie Sie sehen, steckt hinter all dem kein großer Zauber, der nur Wenigen vorbehalten ist. Jeder von uns hat die Möglichkeit, das Geheimnis der Anziehung zu seinen Gunsten wirken zu lassen. Dafür müssen Sie nur bereit sein, mit etwas Zeit, Engagement, Interesse, Aufmerksamkeit und natürlich Ihrem Lächeln in Vorleistung zu gehen. Es lohnt sich!

Freunden Sie sich mit Ihrem Lächeln an und entdecken Sie, wie viel es in Ihrem Alltag bewirken kann. Umgeben Sie sich mit Menschen, die viel lächeln und gute Laune verbreiten und haben Sie daran teil. Lassen Sie sich anstecken und tragen Sie das gute Gefühl weiter. So werden immer mehr Menschen anfangen, sich für Sie zu interessieren und den Kontakt zu Ihnen suchen.

Wie Sie Menschen an dem Punkt gewinnen, an dem Sie sie sonst verlieren würden

Mit den Informationen, die Sie bis hierhin erhalten haben, können Sie bereits eine ganze Menge in Ihrem Leben zum Positiven verändern. Vor allem erlangen Sie mit diesem Wissen das Potenzial, großen Einfluss auf Ihre Mitmenschen zu gewinnen. Die Voraussetzung dafür ist jedoch immer, dass Sie freundlich miteinander umgehen und sich bei der Kommunikation gut verstehen. Da im Leben aber nicht immer alles reibungslos und positiv verläuft, gibt es auch zahlreiche Momente im Alltag, in denen Sie mit Ihren Mitmenschen nicht einer Meinung sind. Sie streiten und diskutieren, da Sie verschiedene Standpunkte haben oder Sie kritisieren andere Menschen, da diese Fehler machen, die Sie stören oder Ihnen sogar Schaden zufügen. Die unvermeidliche Konsequenz daraus ist, dass Sie sich aus dem Weg gehen. Die Menschen, die Sie kritisieren oder mit denen Sie streiten, meiden zukünftig den Kontakt zu Ihnen. Dadurch gewinnen Sie nicht ihre Sympathie, genießen nicht ihr Vertrauen und haben auch keinen Einfluss auf sie. Streit und Kritik sind Punkte, an denen Sie Menschen verlieren und ich bin mir sicher, dass Sie diese Erfahrung schon einige Male gemacht haben. Was ist aber, wenn ich Ihnen sage, dass Streit und Kritik Punkte sein können, an denen Sie Menschen gewinnen, anstatt sie zu verlieren? Das mag vielleicht unglaublich klingen, ist aber in Wahrheit keine unrealistische oder komplizierte Angelegenheit! In diesem

Kapitel werden wir uns damit beschäftigen, wie Sie angemessen und motivierend kritisieren und Streitsituationen so erfolgreich meistern, dass man anschließend mehr Wertschätzung für Sie empfinden wird als zuvor.

Alle Menschen machen Fehler, aber nur sehr wenige davon sind bereit, diese sich selbst einzugestehen. Unter diesen ohnehin schon sehr wenigen Menschen gibt es noch weniger, die dazu bereit sind, ihre Fehler gegenüber anderen einzugestehen. Das liegt zum einen daran, dass unser Selbstbild kaum oder sogar keine Fehler zulässt und zum anderen, dass wir zu stolz dafür sind, unsere Fehler gegenüber anderen Menschen offenzulegen und uns dadurch verwundbar zu machen. Die meisten Menschen sind der Meinung, immer alles richtig zu machen und finden immer einen guten Grund dafür, mit dem sie ihre Handlungen rechtfertigen können, auch wenn diese in unseren Augen verwerflich erscheinen. Das zeigt sich zum Beispiel sehr oft in der Justiz. Menschen, die für Straftaten verurteilt werden, sehen sich nur in den seltensten Fällen als schuldig. Zwei Klassiker sind zum Beispiel Provokation durch andere als Grund für schwere Körperverletzung oder akuter Geldmangel als Grund für Drogenhandel. Natürlich können Provokation oder Geldmangel keine Straftaten rechtfertigen, aber es gibt viele Menschen, die solche Argumente nutzen, um ihr Handeln gutzuheißen und das auch tatsächlich ernst meinen. Nicht nur in Bezug auf Straftaten weisen Menschen ihre Schuld und Verantwortung leidenschaftlich gerne von sich. Wer zum Beispiel einen Verkehrsunfall durch

Missachten der Vorfahrt verursacht, neigt dazu, zu behaupten, der andere sei zu schnell herangefahren. Wer auf eine heiße Herdplatte fasst, beschwert sich darüber, dass sie niemand zuvor ausgeschaltet hat und wer über die Schuhe im Hausflur stolpert, kritisiert denjenigen, dem die Schuhe gehören. Ich könnte Ihnen noch zahlreiche weitere Beispiele nennen, aber ich bin mir sicher, dass Ihnen bereits selbst genügend einfallen. Wie oft erleben Sie es im Alltag, dass jemand einen Fehler macht und anschließend eine Ausrede dafür findet, warum das nicht sein Fehler gewesen sein kann, selbst wenn diese Ausrede in Ihren Augen lächerlich wirkt?

Es ist wichtig, zu verstehen, dass Menschen sich niemals gerne die Schuld für etwas geben. Und wenn sie sich schon selbst nicht kritisieren wollen, wieso sollten sie sich dann von Ihnen kritisieren lassen?

Es passiert oft, dass jemand einen Fehler macht, der Sie verärgert, Ihnen auf die Nerven geht oder Ihnen sogar schadet. Denken Sie einmal an konkrete Beispiele aus dem Alltag, wie zum Beispiel an etwas, das auf der Arbeit passiert. Ist es nicht schon oft passiert, dass jemand seinen Teil der Arbeit falsch gemacht hat, sodass für Sie Mehrarbeit entstanden ist? Gibt es da eine bestimmte Person, die es immer wieder schafft, Sie mit ihrer Tollpatschigkeit, Unaufmerksamkeit oder Faulheit zur Weißglut zu treiben? Und wie oft haben Sie deshalb schon Dampf abgelassen und dieser Person Vorwürfe gemacht? Oder wie oft haben Sie sich schon gewünscht, das zu tun, aber es immer wieder heruntergeschluckt, sodass es am Ende nur Ihnen geschadet hat? Zum Schluss sollten Sie sich noch fragen, was es Ihnen bisher gebracht hat. Verstehen Sie sich besser mit dieser Person oder geht sie nun ihrer Arbeit sorgfältiger nach? Vermutlich nicht. Vermutlich haben sich dadurch nur die Fronten verhärtet.

Wenn man jemanden kritisiert, egal ob zurecht oder nicht, kränkt man damit seinen Stolz und sein Selbstwertgefühl. Mit offensiver Kritik drängt man Menschen in die Defensive. Sie werden es nicht erleben, dass jemand zu Ihnen sagt: „Wow, ich bin dir gerade wirklich dankbar dafür, dass du mich auf meine Fehler aufmerksam machst, denn mein größtes Bestreben ist es, dir zu gefallen." Vergessen Sie nicht: Menschen gestehen sich nicht gerne ihre Fehler ein. Sie verteidigen ihren Standpunkt bis aufs Letzte, bevor sie dazu stehen, etwas falsch zu machen. Wenn Sie Menschen kritisieren, rütteln Sie an ihrem Selbstbild, also an dem, woran sie schon ihr ganzes Leben lang glauben. Wer lässt schon gerne Zweifel an seiner eigenen Realität zu?

Um Menschen in schwierigen Situationen für sich zu gewinnen, müssen Sie die folgende Regel verstehen und verinnerlichen: Jemanden zu kritisieren, zu beleidigen, zu etwas zu zwingen oder mit ihm zu streiten, bringt absolut nichts. Sie gewinnen nichts dabei. Sie verlieren nur.

Sie können dafür sorgen, dass Menschen ihre Fehler selbst einsehen und Ihnen dankbar dafür sind, dass Sie sie mit Ihrer diplomatischen Art auf sie hinweisen und dazu motivieren, es in Zukunft besser zu machen. Das ist kein

Wunschdenken, sondern tatsächlich möglich! Menschen werden nicht von Logik, sondern von ihren Emotionen beherrscht. Deshalb ist es wichtig, sich in sie hineinzuversetzen, ihre Beweggründe zu verstehen und ihnen schließlich zu zeigen, dass man sie versteht. Auf diese Weise beweise Sie emotionale Größe und Charakterstärke, wofür Sie Zuneigung und Bewunderung erhalten werden.

Jeder Mensch kann kritisieren und auf den Fehlern anderer herumhacken. Dafür muss man nicht studiert oder etwas Besonderes gelernt haben. Man braucht dafür noch nicht einmal Lebenserfahrung oder emotionale Reife. Jeder Mensch, der denken kann, ist auch in der Lage dazu, andere zu kritisieren, zu verletzen oder zu erniedrigen. Im Gegensatz dazu können nur achtsame, intelligente und charakterstarke Menschen die Fehler anderer nachvollziehen, konstruktive Verbesserungsvorschläge machen und verzeihen. Das ist es, was einen anziehenden Menschen ausmacht und solches Verhalten wird von anderen immer mit Anerkennung und Dankbarkeit belohnt. Sie können sich selbst aussuchen, was für ein Mensch Sie sein wollen.

Lassen Sie uns ein kleines Beispiel betrachten, in dem Sie mit etwas Verständnis und Diplomatie dafür sorgen können, dass Sie nicht nur einen Verlust vermeiden, sondern etwas gewinnen: Sie haben einen Maler dazu beauftragt, Ihre neue Wohnung zu streichen. Da Sie etwas Neues ausprobieren wollen, haben Sie sich dazu entschieden, dass er zwei Wände im Wohnzimmer dunkelrot anstreichen soll, um für eine gemütliche Atmosphäre zu sorgen. Als Sie nach Hause kommen, stellen Sie erschüttert fest, dass die Wände nicht rot, sondern orange angestrichen sind. Der Maler befindet sich noch in der Wohnung, also sprechen Sie ihn darauf an. Er teilt Ihnen mit, dass er sich für orange entschieden hat, da das seiner Meinung nach besser zur restlichen Inneneinrichtung passt. Sie haben nun zwei Möglichkeiten: Sie könnten den Maler kritisieren und ihm vorwerfen, dass es unverschämt von ihm ist, eigenmächtig über die Wandfarbe in Ihrer Wohnung zu entscheiden, da Sie ihn schließlich dafür bezahlen, dass er das tut, was Sie möchten. In diesem Fall würden Sie vermutlich ein Problem mit ihm haben, denn er ist der Meinung, einen guten Grund für sein Handeln gehabt zu haben. Er wollte die Farbe der Inneneinrichtung anpassen und könnte sich dagegen weigern, den Anstrich ohne Aufpreis wieder zu ändern. Auch wenn Sie offensichtlich im Recht sind, würden Sie dieses Recht nicht von ihm erhalten und sich in einer langwierigen und haarsträubenden Streitigkeit wiederfinden. Eine solche Situation kann komplett vermieden und zu Ihren Gunsten ausgelegt werden. In diesem Fall würden Sie zu dem Maler sagen: „Ich verstehe Ihre Absicht und weiß es auch sehr zu schätzen, dass Sie mitdenken und Ihre Arbeit gewissenhaft machen. Rein handwerklich gibt es an dem Anstrich auch nichts auszusetzen, aber leider ist es so, dass ich die Farbe Orange nicht mag. Ich habe mir die Farbe Dunkelrot gewünscht, da sie meine Lieblingsfarbe ist und nun habe ich das Problem, dass ich für einen Anstrich gezahlt habe, den ich nicht erhalten habe. Auch wenn Sie es nur gut gemeint haben, möchte ich Sie bitten, das zu überarbeiten, da ich mich sehr auf die rote Wandfarbe gefreut habe."

Sie können davon ausgehen, dass der Maler in diesem Fall seine Arbeit kostenlos korrigieren würde. Natürlich sind Sie als Kunde im Recht, aber das bedeutet nicht, dass alle Beteiligten das auch so sehen. Und wieso sollten Sie sich auf einen Streit einlassen, wenn Sie sich all das mit ein wenig Diplomatie ersparen können? Vielen Menschen ist ihr „Recht" so wichtig, dass sie zu keinen Kompromissen bereit sind und Forderungen stellen. Das ist zeit- und energieraubend und bringt niemandem einen wirklichen Vorteil. Mit der zweiten Option aus unserem Beispiel zeigen Sie dem Maler, dass Sie seine guten Absichten verstehen und zu schätzen wissen. Sie loben ihn für sein handwerkliches Talent, weisen ihn aber darauf hin, dass seine guten Absichten leider nicht Ihren Wünschen entsprechen. Sie erinnern ihn höflich daran, dass er sich nicht an die Abmachung mit Ihnen gehalten hat und helfen ihm so dabei, seinen Fehler selbst zu erkennen. Deswegen werden Sie reibungslos Erfolg mit Ihrem Anliegen haben. In beiden Fällen haben Sie Recht, aber in nur einem bekommen Sie es stressfrei zugesprochen. Es ist wichtig, dass Sie diesen Unterschied verstehen. In unserem Beispiel wäre es sogar noch angebracht, sich bei dem Maler anschließend für seine Kulanz und Kooperationsbereitschaft zu bedanken, um sein Verhalten zu belohnen und seine Anerkennung zu gewinnen.

Belohnung funktioniert immer besser als Kritik. Warum sonst basieren anerkannte Erziehungsmodelle wohl auf ihr?

Und weshalb erzielt man die größten Erfolge bei der Dressur von Tieren, wenn man Belohnungen statt Bestrafungen einsetzt? Jeder will besonders sein, erinnern Sie sich immer wieder daran! Jeder will gelobt werden und Komplimente erhalten. Menschen wollen hören, dass sie das, was sie tun, richtig machen.

Anstatt Ihre Mitmenschen zu kritisieren, können Sie ihnen sagen, dass sie im Prinzip etwas richtig machen, aber dass es noch Luft nach oben für Verbesserungen gibt. Das ist viel leichter verdaulich als der Vorwurf, alles sei falsch und nutzlos.

Vorhin habe ich vermutet, dass es in Ihrem Alltag eine Person gibt, die es immer wieder schafft, Sie unter ihren Fehlern leiden zu lassen. Ewige Diskussionen darüber führen zu keiner Verbesserung und ständige Streitereien sorgen für verhärtete Fronten. Sie können sich all das sparen und für eine Verbesserung der Situation sorgen, indem Sie sich in diese Person hineinversetzen. Finden Sie heraus, welche Absicht sie mit ihrem Handeln verfolgt und finden Sie den Fehler. Nehmen wir einfach mal an, dass Sie beim Nachdenken herausfinden, dass es sich tatsächlich nur um pure Faulheit handeln kann, die diese Person so ineffizient macht. Dann können Sie trotzdem etwas daran ändern, ohne Kritik zu äußern! Suchen Sie die Person auf und sagen Sie: „Ich finde es sehr gut, dass du versuchst, diese Aufgabe effizient und mit möglichst wenig Arbeitsaufwand zu lösen. Auch ich habe mich lange damit beschäftigt, wie man das Ganze vereinfachen kann. Leider habe ich aber feststellen müssen, dass es nunmal eine aufwändige Angelegenheit ist und dass man nicht daran vorbeikommt, etwas Arbeit zu investieren. Wenn du es nicht machst, dann bleibt am Ende umso mehr Arbeit an mir hängen und ich schaffe das nicht alleine. Ich bin darauf angewiesen, dass wir im Team arbeiten und vor allem bin ich der Meinung, dass du das besser kannst. Ich glaube nicht, dass das alles ist, was du kannst und ich würde mich freuen, wieder mehr von deinem Potenzial zu sehen."

In diesem Beispiel machen Sie Vieles richtig! Zuerst einmal verstehen Sie Ihr Gegenüber und beweisen das auch. Sie haben die pure Faulheit als Motiv erkannt und schaffen es, das Ganze hübsch zu verpacken, indem Sie es Effizienz nennen. Weiterhin gestehen Sie sich ein, denselben Fehler gemacht zu haben (auch, wenn das überhaupt nicht stimmt), was sehr hilfreich ist. Menschen sind viel eher dazu bereit, ihre Fehler zu erkennen, wenn sie wissen, dass sie sie nicht alleine machen. Zusätzlich weisen Sie Ihr Gegenüber darauf hin, dass Sie seine Hilfe brauchen, also geben Sie ihm das Gefühl, er sei wichtig. Letztlich loben Sie ihn noch für sein Potenzial und wecken den Wettbewerbsgeist in ihm, indem Sie sagen, Sie würden gerne mehr davon sehen. Mit diesen sehr einfachen Mitteln können Sie es tatsächlich schaffen, einen waschechten Faulpelz zu mehr Produktivität anzuregen, ohne jemals kritisieren, diskutieren oder streiten zu müssen!

Die beiden genannten Beispiele sollen zeigen, wie effektiv es ist, sich in seine Mitmenschen hineinzuversetzen und die

Hintergründe für ihre Fehler zu verstehen. So helfen Sie ihnen dabei, ihre Fehler selbst zu erkennen und selbst den Wunsch zu entwickeln, sich zu verbessern. Sobald dann eine Verbesserung eintritt, können Sie das mit einem kleinen Lob oder Kompliment verstärken. Auf diese Weise schaffen Sie es nicht nur, Kritik und Streit zu vermeiden, sondern sorgen auch tatsächlich für eine Verbesserung der Problemsituation und gewinnen die Anerkennung, Dankbarkeit und Sympathie eines Menschen, den Sie sonst aufgrund von Streitigkeiten verloren hätten.

Vergessen Sie nicht, dass es eine hohe Kunst ist, anderen Menschen seine Wünsche und Ansichten schmackhaft zu machen. Genau das machen Sie, wenn Sie wie in den genannten Beispielen handeln und anderen dabei helfen, ihr Fehlverhalten selbst zu erkennen und sie dafür belohnen. Auf diese Weise gewinnen Sie nicht nur eine Person für sich, sondern bauen auch den Ruf auf, sehr korrekt mit den Fehlern anderer umzugehen, wofür man Sie schätzen wird. Auch das ist ein großer Bestandteil des Geheimnisses der Anziehung.

Manchmal sind es die Personen, die Ihnen besonders nahestehen, die Fehler machen und damit Ihren Unmut wecken. Manche hüten sich davor, ihre Freunde und Familie zu kritisieren und Manche tun es besonders oft, da die Hemmschwelle für sie geringer ist. Schließlich haben sie diese Menschen schon fest in ihrem Leben und erachten ihre Bekanntschaft als selbstverständlich. Letzteres ist natürlich am allerwenigsten empfehlenswert. Je mehr wir unsere

Mitmenschen kritisieren, desto schlechter wird unsere Beziehung zu ihnen. Sie kapseln sich immer mehr von uns ab und meiden uns irgendwann komplett, selbst wenn sie tatsächlich diejenigen waren, die die entscheidenden Fehler begangen haben. Menschen empören sich nicht über ihre eigenen Fehler, sondern darüber, dass man sie deswegen kritisiert. Deshalb kann es schnell passieren, dass Sie Menschen, die Ihnen viel bedeuten, aus Ihrem Leben verlieren, obwohl Sie es ursprünglich gar nicht waren, der ein Problem verursacht hat.

Auch das lässt sich durch Einfühlvermögen und ein wenig Diplomatie vermeiden. Gerade den Menschen, die Sie mögen, sollten Sie Missgeschicke verzeihen und ihnen dabei helfen, es in Zukunft besser zu machen. Lassen Sie mich Ihnen hierfür ein kleines Beispiel geben:

Sie leihen einer guten Freundin Ihr Auto für einen Tag, da ihres in der Werkstatt ist. Am Abend bringt sie es Ihnen zurück und gesteht traurig, dass sie beim Einparken gegen eine Laterne gestoßen ist. Dabei hat sie die Stoßstange Ihres Wagens beschädigt und fühlt sich deswegen schlecht. Natürlich sind das schlechte Nachrichten, denn schließlich haben Sie Geld in Ihr Auto investiert, für das Sie hart gearbeitet haben und nun wurde ein Schaden verursacht, der den Wert des Wagens mindert und Kosten verursacht. Fakt ist aber auch, dass der Schaden nun geschehen ist und dass sich nichts daran ändern wird, egal wie wütend Sie auch sind. Sie könnten Ihre Freundin kritisieren und sie fragen, wie man nur so unaufmerksam sein kann, eine Laterne anzufahren. In diesem Fall würden Sie sie entweder verletzen oder eine Streitsituation heraufbeschwören, die Ihrer Freundschaft dauerhaft schaden würde. Stattdessen könnten Sie sich jedoch dafür entscheiden, nicht nur Kritik zu vermeiden, sondern auch die Beziehung zu Ihrer Freundin zu stärken! Sagen Sie einfach: „Mach dir bitte keine Sorgen. Die Hauptsache ist, dass du dich dabei nicht verletzt hast. Wie viele Menschen machen denn bitte täglich Unfälle? Ich habe es selbst schon geschafft, parkende Autos anzurempeln, das kann passieren. Wenn du dich jetzt deswegen fertigmachst, dann wirst du in Zukunft Angst vor dem Autofahren haben und das kannst du echt nicht gebrauchen. Es ist passiert und daran ist jetzt nichts zu ändern. Nimm mein Auto nochmal mit, fahr nach Hause, entspann dich und in Zukunft wirst du mit Sicherheit zweimal nach hinten schauen, bevor du rückwärts fährst."

Mit einer solchen Reaktion beweisen Sie wahre emotionale Reife und Charakterstärke. Zuerst einmal zeigen Sie Ihrer Freundin, dass sie Ihnen wichtig ist und dass es völlig normal ist, einen Fehler zu machen. Dann erwähnen Sie, dass das auch Ihnen hätte passieren können und schon passiert ist (auch wenn das nicht so sein sollte). Anschließend motivieren Sie sie und schenken ihr Ihr Vertrauen, indem Sie ihr erneut das Auto überlassen.

Die Ausgangssituation ist und bleibt die gleiche: Das Auto ist beschädigt. Daran ändert sich nichts. Durch Kritik gefährden Sie Ihre Freundschaft, wodurch der Schaden sich nicht beheben lässt. Mit Ihrem Verständnis und Ihrer Fähigkeit, zu verzeihen und zu vertrauen, machen Sie den Vorfall zwar auch nicht ungeschehen, aber dafür beweisen Sie wahre Größe und stärken die Freundschaft zu Ihrer Freundin, anstatt sie zu gefährden. Ihre Freundin wird Ihnen nicht nur dankbar sein, sondern ihren Fehler erkennen, zugeben und für den Schaden aufkommen. Weiterhin wird sie Sie noch mehr mögen als zuvor und Sie dafür bewundern, wie Sie mit diesem Missgeschick umgegangen sind. Zusätzlich wird sie Ihnen dankbar dafür sein, dass Sie ihr Mut gemacht haben.

Dieses Beispiel soll noch einmal verdeutlichen, dass Sie sich mit diesen Verhaltensweisen nicht nur davor schützen, Menschen zu verlieren, sondern sie nachhaltig für sich gewinnen. Sie gewinnen in einer Situation, in der Sie sonst verlieren würden! Das ist etwas Wunderbares, wovon Sie auf jeden Fall Gebrauch machen sollten. Ich kann Ihnen versichern, dass alle Beispiele in diesem Kapitel absolut realistisch sind, da ich sie so oder so ähnlich schon selbst erlebt habe. Vielleicht glauben Sie noch nicht daran, aber wenn Sie lernen, gefühlvoll zu kritisieren, wie es hier beschrieben ist, werden Ihre zwischenmenschlichen Beziehungen erstaunliche Wendungen zum Positiven nehmen. Anstatt sich mit Ihren Mitmenschen zu streiten und sich von ihnen zu distanzieren, werden Sie ihre Sympathien, ihr Vertrauen und ihre Bewunderung gewinnen.

Mit Sicherheit gibt es Menschen in Ihrem Leben, von denen Sie hin und wieder oder sogar häufig kritisiert werden. Stellen Sie sich einmal vor, wie angenehm es für Sie wäre, wenn diese Personen Sie so behandeln würden, wie in den vorhin genannten Beispielen. Seien Sie anderen Menschen der gute Freund, den Sie selbst gerne hätten und Sie werden nachhaltig davon profitieren. Wenn Sie anderen ein Vorbild sind, wird man Sie mindestens genauso fair und diplomatisch behandeln, um Ihnen gerecht zu werden und nicht die Freundschaft zu Ihnen zu verlieren. Lassen Sie uns ehrlich sein: Wer würde nicht gerne mit einem Menschen befreundet sein, der es schafft, aus einer schwierigen Situation eine Bereicherung für beide Seiten zu machen? Mit etwas Einfühlvermögen, Nachsicht und Diplomatie werden Sie Freundschaften wie ein Magnet anziehen.

Gewinnen Sie keinen Streit, sondern einen Mitmenschen

Manchmal stellen Sie fest, dass Sie eine gänzlich andere Meinung zu einem bestimmten Thema haben als einer Ihrer Mitmenschen. Also reden Sie darüber und versuchen, Ihr Gegenüber von Ihrem Standpunkt zu überzeugen. Leider sind Sie nicht die einzige Person, die diesen Plan hat und so versucht Ihr Gegenüber genauso, Sie zu überzeugen. Sie diskutieren, nennen zahlreiche Argumente, die Ihre Sicht der Dinge untermauern und verteidigen Ihr Recht so gut, wie es nur geht. Irgendwann merken Sie, dass Ihr Gegenüber Ihre Sichtweise überhaupt nicht adaptieren möchte und die ganze Zeit versucht, Sie von etwas anderem zu überzeugen und deswegen werden Sie wütend. Sie fangen an zu streiten und anstatt weiter über die eigentliche Sache zu diskutieren, beschweren Sie sich über die Uneinsichtigkeit des Anderen und fragen sich gleichzeitig, wie man nur so geistig eingeschränkt sein kann, dass man das für Sie Offensichtliche nicht erkennt. Letztendlich kommen Sie zu keiner friedlichen Einigung, sind enttäuscht und gehen getrennte Wege. Wenn Sie sich mit einer fremden Person gestritten haben, werden Sie sie vermutlich nie wiedersehen. Wenn es eine befreundete Person ist, werden Sie für eine ganze Weile Schwierigkeiten damit haben, einander in die Augen zu sehen und friedlich miteinander umzugehen.

Ich muss kein Hellseher sein, um zu wissen, dass Ihnen ein solches Szenario mit Sicherheit sehr gut bekannt ist. Sich mit anderen zu streiten, gehört zum Alltag dazu. Es ist eine für uns vollkommen normale soziale Interaktion. Jeder Mensch gerät hin und wieder in eine Streitsituation. Das Problem bei einem solchen Streit ist, dass er furchtbar ineffizient ist. Man kann ewig streiten, aber leider kann man dabei nichts gewinnen. Man verliert nur und manchmal verliert man sogar sehr viel. Die Frage, die sich an dieser Stelle stellt, ist: Was bringt es einem, sich mit anderen zu streiten, wenn niemand gewinnt und beide verlieren? Die Antwort darauf lautet: Gar nichts. Sich zu streiten, bringt rein gar nichts.

Viele Menschen streiten, weil sie glauben, ihr „Recht" verteidigen zu müssen. Sie wollen andere von dem überzeugen, dass sie das Richtige denken und geben sich erst dann zufrieden, wenn das Gegenüber das auch akzeptiert. In Wahrheit ist das jedoch kaum möglich. Sie erleben es im Leben nur sehr selten, dass jemand während eines Streits feststellt, dass Sie Recht haben und das auch zugibt. Sie werden es häufiger erleben, dass man aufgibt und Ihnen Recht zuspricht, aber das hat entweder den Grund, dass man sich vor Ihnen fürchtet oder so genervt von Ihnen ist, dass man seinen Standpunkt freiwillig aufgibt. Auch in diesem Fall gewinnen Sie nichts. Ihr „Recht" haben Sie nicht gewonnen, da man Ihre Sichtweise nicht angenommen hat und zusätzlich verlieren Sie die Zuneigung eines Mitmenschen.

Recht zu haben, bringt Ihnen keinen Vorteil. Es ist eine reine Ego-Sache. Wenn Sie sich streiten und Ihr Recht verteidigen, ist das einzig Positive für Sie, dass Sie Ihren Standpunkt verteidigt haben. Das war es aber auch, denn dieses „Recht" hat einen hohen Preis. Sie sorgen dafür, dass fremde Menschen kein Interesse daran haben, Sie kennenzulernen und dass befreundete Menschen sich von Ihnen distanzieren. Wenn Sie einen Streit „gewinnen", indem Sie sachlich und logisch argumentieren, bis Ihrem Gegenüber keine Gegenargumente mehr einfallen, dann ist das auch kein wahrer Gewinn. Damit verletzen Sie den Stolz eines Mitmenschen und dieser wird zukünftig mit Sicherheit kein Interesse mehr daran haben, sich noch einmal mit Ihnen auszutauschen.

Vor einigen Jahren habe ich mich an einem warmen Sommertag in eine lange Schlange vor einem Eiscafé eingereiht, da ich Lust auf ein kühles Eis hatte. Vor mir standen ein Familienvater und seine zwei kleinen Söhne. Der Vater versuchte gerade, seinen Söhnen zu erklären, warum Autos fahren, also wie ein Verbrennungsmotor funktioniert. Ich muss zugeben, dass seine Erklärung technisch gesehen fürchterlich falsch war, aber natürlich sagte ich nichts dazu, sondern amüsierte mich im Stillen, denn ich sah, wie fasziniert die beiden Jungen ihrem Vater zuhörten. In diesem Moment stellte sich hinter mir ein weiterer Mann an, lauschte einen kurzen Moment und sagte dann laut: „Das ist doch nicht Ihr Ernst! Wie können Sie denn Ihren Kindern so einen Quatsch beibringen?" Er stritt sich mit dem Familienvater über technische Details und erklärte ihm, dass er offensichtlich keine Ahnung von der Funktionsweise eines Motors habe. Es war ein heftiges Wortgefecht, bei dem der Vater den Mann fragte, welchen Grund er habe, sich einzumischen. Der Mann verteidigte sich und argumentierte damit, dass es seine Aufgabe sei, Kinder davor zu bewahren, an falsche Informationen zu glauben. Nachdem ein Wort das andere gegeben hatte, resignierte der Vater schließlich und seufzte: „Sie haben gewonnen. Sie haben Recht, Sie haben viel Ahnung und Sie haben uns den Tag versaut. Vielen Dank für Ihre Hilfe."

Von einem fachlichen Standpunkt aus betrachtet, hatte der Mann, der sich über die falschen Informationen beschwert hat, Recht. Aber was hat ihm dieses Recht gebracht? Er hat einen Vater vor seinen Kindern gedemütigt, seinen Stolz verletzt und zwei kleinen Jungen den Tag versaut, nur um Recht zu haben. Was hatte er davon? Nichts. Vermutlich hat er den Vater und seine Kinder danach nie wiedergesehen. Seine Belehrung hat niemandem einen Mehrwert geliefert. Stattdessen hat er sich unbeliebt gemacht und sich somit geschadet.

Mit diesem Beispiel möchte ich verdeutlichen, dass Sie nichts gewinnen können, wenn Sie versuchen, anderen Menschen etwas aufzuzwingen, an das sie ohnehin nicht glauben. Sie können anderen Menschen dabei helfen, etwas selbst zu erkennen, aber dafür brauchen Sie Geduld und Feingefühl. Dafür müssen Sie sich dazu entscheiden, Zeit mit ihnen zu verbringen und sich bei ihnen beliebt zu machen, bevor Sie etwas bewirken können. Weiterhin sollten Sie sich fragen, welchen Vorteil Sie dabei haben, denn oft gibt es keinen. Genauso sollten Sie sich nicht auf Diskussionen mit Menschen einlassen, die versuchen, Ihnen eine Meinung aufzuzwingen. Es ist für Sie nicht förderlich und deswegen sollten Sie nicht Ihre Zeit und Energie damit verschwenden. Wenn jemand wirklich die Absicht hat, Ihnen zu helfen und Ihnen etwas Gutes zu tun, dann wird er Sie in erster Linie gut behandeln, sich Zeit für Sie nehmen und gemeinsam mit Ihnen an der Verbesserung oder Lösung einer Sache arbeiten.

Sich häufig zu streiten, übt keine Anziehung auf andere Menschen aus. Wenn Ihre Mitmenschen jedoch wissen, dass man mit Ihnen einen produktiven Meinungsaustausch pflegen kann, ohne sich streiten zu müssen, werden sie sich auf Sie freuen und sich zu Ihnen hingezogen fühlen. Würden Sie etwa einen Menschen mögen, der Ihnen ständig erklärt, dass Sie an etwas Falsches glauben und Sie ewig belehrt? Vermutlich nicht. Aus diesem Grund sollten Sie sich davor hüten, selbst so jemand zu sein. Vergessen Sie nicht, dass Sie nichts davon haben, wenn Sie „Recht“ haben. Wenn Sie auf Ihr „Recht“ verzichten, was ohnehin das Ergebnis jedes Streits ist, dann gewinnen Sie Ihre Mitmenschen für sich.

Einen angenehmen und gelungenen Meinungsaustausch hat man immer dann, wenn man sich über etwas unterhält, ohne dass eine Seite versucht, die andere von der eigenen Meinung zu überzeugen. So kann man auch sachlich über kontroverse Themen sprechen, ohne sich streiten zu müssen. Ein Streit wird es immer erst dann, sobald jemand

Überzeugungsarbeit leisten möchte. Auf der anderen Seite schaltet sich dann automatisch der Verteidigungsmechanismus ein und die Krise ist nicht mehr abzuwenden. Tauschen Sie sich daher mit anderen Menschen aus und seien Sie auch offen dafür, von ihnen zu lernen. Der Gedanke, alles zu wissen, ist nahezu töricht. Es gibt im Leben immer etwas Neues zu lernen und wenn man die Gelegenheit dazu hat, qualitatives Wissen von einem Mitmenschen zu erhalten, dann sollte man sie dankbar entgegennehmen. Das Ganze sollte aber immer in einem Rahmen des respektvollen Meinungsaustausches stattfinden, den beide Seiten freiwillig ausführen.

Menschen fühlen sich dort am wohlsten, wo es die wenigsten Probleme und Schwierigkeiten gibt. Wenn Sie also jemand sind, der gar nicht oder sehr wenig streitet, sind Sie automatisch jemand, bei dem es nur wenige Probleme und Schwierigkeiten gibt. Deswegen werden sich Menschen zu Ihnen hingezogen fühlen, wenn sie merken, dass Sie nicht streiten, sondern höchstens einen wertvollen Meinungsaustausch pflegen. Das Leben wäre langweilig, wenn alle immer derselben Meinung wären oder dieselben Präferenzen hätten. Versuchen Sie einmal, sich das vorzustellen! Das Leben wäre furchtbar langweilig. Unterschiedliche Meinungen, Einstellungen und Vorlieben sind das, was das Leben so wunderbar und vielfältig macht. Freuen Sie sich deswegen darüber, wenn Sie die Möglichkeit haben, andere Sichtweisen zu bestimmten Themen und Dingen zu erfahren. Vermeiden Sie es, die Meinung anderer Menschen als „falsch“ zu bezeichnen und versuchen Sie, verschiedene Ansichten zu kombinieren und somit einen Mehrwert für alle Beteiligten zu schaffen. So gewinnen Sie Menschen für sich!

Einen Streit zu vermeiden, ist der wahre Gewinn. Leider ist das jedoch nicht immer möglich, denn manchmal passiert es, dass Ihre Mitmenschen geradezu streitsüchtig sind und offensiv versuchen, Sie von etwas zu überzeugen, ohne dass Sie darum gebeten haben. Manchmal gibt es auch Kontroversen, die zwischen Ihnen und einem Mitmenschen stehen, die so schwerwiegend sind, dass eine Diskussion unausweichlich ist. Auch in solchen Fällen gilt: Wenn Sie streiten, verlieren Sie einander. Wenn Sie jedoch wissen, mit der Situation umzugehen, gewinnen Sie einen Mitmenschen für sich. Lassen Sie uns gemeinsam einen Blick darauf werfen, wie das geht:

Wenn zwei Menschen sich streiten, haben sie verschiedene Ansichten zu einer bestimmten Sache oder einem Thema. Wenn beide sich nur damit beschäftigen, ihre eigene Sicht der Dinge als die Richtige darzustellen, gibt es kein gemeinsames Ergebnis und die unvermeidliche Folge ist, dass man getrennte Wege geht. Gibt eine Person auf, gibt es auch kein gemeinsames Ergebnis, sondern nur Frustration und potenziellen Sprengstoff für das nächste Aufeinandertreffen. Da die Vermeidung eines Streits auch nicht immer möglich ist, bleibt nur eine vernünftige Lösung, die allen Beteiligten hilft: Ein Kompromiss. Für uns ist es gerade egal, wie ein Kompromiss konkret aussieht. Wichtig ist, wie er zustande kommt. Ein Kompromiss entsteht dann, wenn alle beteiligten Parteien versuchen, den Standpunkt des jeweils Anderen zu verstehen und sich dann darum bemühen, etwas Positives daraus zu ziehen und es mit dem eigenen Standpunkt zu vereinbaren. Damit das überhaupt möglich ist, müssen die erhitzten Gemüter zuerst einmal beruhigt werden und diese Aufgabe können Sie übernehmen, auch wenn Sie gar nicht derjenige sind, der den Streit begonnen hat. Auf diese Weise beweisen Sie emotionale Reife und Charakterstärke, was höchst bewundernswerte Eigenschaften sind, für die Sie viel Wertschätzung erfahren werden.

Hören Sie Ihrem Gegenüber in einer Streitsituation aufmerksam zu und lassen Sie ihn ausreden. Niemand mag es, unterbrochen zu werden und nur, wenn Sie jemanden ausreden lassen, wird man auch Sie später zu Wort kommen lassen, wenn Sie Ihre Meinung äußern. Sich nicht ausreden zu lassen, gehört zu den schlimmsten Dingen, die man während einer verbalen Auseinandersetzung tun kann. Man streitet nur noch darüber, dass man einander ständig unterbricht und plötzlich gibt es eine neue Debatte, ohne dass eine Lösung für das ursprüngliche Problem gefunden wurde. Lassen Sie Ihre Mitmenschen also immer ausreden und hören Sie aufmerksam zu, um das Problem zu verstehen.

Zeigen Sie Ihrem Gegenüber, dass Sie das Problem verstehen, indem Sie es in Ihren eigenen Worten wiederholen und sich Ihren Fehler eingestehen. Ihr Gegenüber hat den Streit nicht ohne Grund begonnen und indem Sie ihm klarmachen, dass Sie seine Sicht verstehen und Ihren Fehler einsehen, bewirken Sie zwei wichtige Dinge: Sie beruhigen Ihren Mitmenschen und nehmen ihm die Munition. Er fühlt sich nun verstanden und hat deswegen keinen Grund mehr, weiterhin offensiv zu sein und zusätzlich hat er auch nichts mehr, das er Ihnen vorwerfen kann. Anschließend sind Sie am Zug. Da Sie aufmerksam zugehört haben, haben Sie sich das Recht verdient, aussprechen zu können. Hinzu kommt, dass Ihr Gegenüber nun ruhiger und aufnahmefähiger ist. Sie haben die Chance, Ihren Standpunkt zu vertreten, die Gründe für Ihre Fehler zu erläutern und Ihr Gegenüber auch auf seine Fehler hinzuweisen. Wie bereits erwähnt, sind Menschen eher bereit dazu, sich Ihre Fehler einzugestehen, wenn Sie wissen, dass Sie nicht die Einzigen sind, die Fehler machen. Dass Sie bereit sind, den ersten Schritt zu machen, ist ein Zeichen Ihrer Charakterstärke und auch der ausschlaggebende Grund dafür, dass Sie einen Kompromiss schließen und einen Menschen für sich gewinnen, anstatt ihn durch den Streit zu verlieren.

Das Ganze ist tatsächlich so simpel, wie es scheint. In der Praxis findet es nur so selten Anwendung, da die meisten Menschen darauf beharren, „Recht" zu haben und nicht bereit sind, den ersten Schritt für einen Kompromiss zu machen. Vergessen Sie nicht, dass es Ihnen nichts bringt, „Recht" zu haben. Zusätzlich sei gesagt, dass ein Kompromiss auf den ersten Blick immer so wirkt, als würde man etwas aufgeben. In Wahrheit jedoch gewinnen Sie. Auf lange Sicht gewinnen Sie dabei immer! Im Nachhinein erkennen Ihre Mitmenschen, dass Sie es waren, der die Lösung durch Vernunft und Charakterstärke hervorgerufen hat und werden deshalb umso mehr Wertschätzung für Sie empfinden.

Wenn eine fremde Person Sie in einen Streit verwickelt, gibt es eigentlich keinen Grund, diese Unterhaltung zu führen, denn schließlich führt sie zu nichts. Es bringt Ihnen nichts, jemand Fremden von etwas zu überzeugen und Sie möchten sich auch keine Meinung aufzwingen lassen. Eigentlich wäre es richtig, die Situation zu verlassen, aber da das unhöflich ist und die Situation in den meisten Fällen nur verschlimmert, können Sie sich für eine bessere Option entscheiden: Sagen Sie Ihrem Gegenüber einfach: „Vermutlich haben Sie Recht, aber ich bin gerade zu aufgebracht, um das nachzuvollziehen. Ich werde etwas Zeit brauchen, um darüber nachzudenken. Auf jeden Fall danke ich Ihnen für Ihre Mühe." Auf diese Weise nehmen Sie den Wind aus den Segeln und können sich vom Geschehen entfernen, ohne dass es unangenehme Konsequenzen gibt. Natürlich müssen Sie sich im Nachhinein keine ernsthaften Gedanken darüber machen, aber indem Sie etwas Kompromissbereitschaft zeigen, beweisen Sie Besonnenheit und Reife. Sollten Sie dem fremden Menschen zufällig noch einmal begegnen, wird dieser keinen Groll gegen Sie hegen. Ihre Mitmenschen in Ihrem direkten Umfeld werden Sie für Ihre Fähigkeit des erfolgreichen Konfliktmanagements bewundern.

Wie Sie sehen, kann das Geheimnis der Anziehung erstaunliche Dinge bewirken. Anstatt Menschen zu verlieren, indem Sie sie kritisieren oder mit ihnen streiten, können Sie sie beeindrucken, unterstützen, motivieren und für sich gewinnen. Sie können sich frei aussuchen, wie Sie mit den Fehlern Ihrer Mitmenschen umgehen und ob Sie Menschen in Konfliktsituationen verlieren oder für sich gewinnen. Die in diesem Kapitel vorgestellten Methoden funktionieren nur, wenn Sie sie konsequent einsetzen. Sie nur zu lesen und zu verinnerlichen, reicht nicht aus. Denken Sie auch daran, dass es nicht nur darum geht, andere Menschen zu beeindrucken und Einfluss auf sie zu gewinnen. Ein effizientes Konfliktmanagement hilft Ihnen auch dabei, ausgeglichener, stressfreier und erfüllter zu leben. Die daraus resultierende Zufriedenheit wird Ihnen gut tun und vor allem wird man sie Ihnen ansehen können, was Ihre Anziehung auf Ihre Mitmenschen wiederum verstärken wird. Auch hier sind simple Prinzipien am Werk, die im Allgemeinen für alle Menschen gleichermaßen anwendbar sind. Wenn Sie sie anwenden, werden Sie mit der Zeit ein Feingefühl entwickeln, das es Ihnen ermöglicht, auf die Individualität jedes einzelnen Menschen einzugehen und noch bessere Resultate zu erzielen!

Mit Feingefühl einzigartig und unverzichtbar werden

Wie Sie bereits wissen, geht es beim Geheimnis der Anziehung darum, Ihren Mitmenschen etwas zu geben, das sie brauchen oder sich wünschen und dabei ist die Rede natürlich nicht von materiellen oder intimen Dingen. Neben all den Bedürfnissen und den dazugehörigen Methoden, die Sie bis hierhin kennengelernt haben, gibt es noch zwei weitere Wünsche des Menschen, die Sie mit Leichtigkeit erfüllen können, um Ihre Mitmenschen für sich zu gewinnen. Die Rede ist vom Wunsch nach Verständnis und vom Wunsch nach gerechter Behandlung. Diese beiden Wünsche überschneiden sich an vielen Stellen, weshalb wir sie im gleichen Kapitel behandeln werden.

Wir Menschen erschaffen unsere eigene Realität. Wir glauben an das, was wir für wahr halten und daraus entstehen viele unserer Wertvorstellungen. In unserer eigenen Realität fühlen wir uns wohl und sicher. Das ist der Grund dafür, dass wir uns danach sehnen, verstanden zu werden. Wenn jemand an unserer Realität zweifelt oder uns nicht versteht, rüttelt er damit an dem Bild, das wir von unserem Leben haben, wodurch wir uns unwohl fühlen. Wir meiden Menschen, die an unserer Realität rütteln und fühlen uns zu denen hingezogen, die unser Bild teilen oder nachvollziehen können. Deswegen ist es so wichtig, dass Sie die Fähigkeit entwickeln, sich in Ihre Mitmenschen hineinzuversetzen und sie auch in schwierigen Situationen zu verstehen. So gewinnen Sie ihr Vertrauen und ihre Zuneigung. Um Ihre Mitmenschen für sich zu gewinnen, müssen Sie nicht ihre Überzeugungen teilen. Sie müssen sie nur verstehen, nachvollziehen und respektieren können.

Empathie ist eine der Schlüsseleigenschaften des Geheimnisses der Anziehung. Ein sensibles Einfühlvermögen sorgt dafür, dass Ihre Mitmenschen Sie respektieren, Ihnen vertrauen und sich eine Freundschaft mit Ihnen wünschen. Wenn Sie eine Schwäche eines Mitmenschen nicht verstehen oder respektieren, hat dieser automatisch das Gefühl, sich verteidigen zu müssen und distanziert sich von Ihnen. Geben Sie ihm jedoch das Gefühl, dass sein Empfinden verständlich ist und dass Sie es nachvollziehen können, fühlt er sich zu Ihnen hingezogen und empfindet aufrichtige Dankbarkeit dafür, dass Sie seine aktuelle Schwäche entweder tolerieren oder ihn zur Besserung motivieren. Lassen Sie mich Ihnen hierfür ein kleines Beispiel geben:

Sie gehen mit einem guten Freund ins Schwimmbad, um ein wenig Spaß zu haben und sich vom Alltagsstress zu erholen. Gemeinsam schwimmen Sie ein paar Bahnen, bis Sie auf die Idee kommen, zum Sprungturm zu gehen. Sie lieben das Gefühl des freien Falls und das tiefe Eintauchen ins Wasser und können es kaum erwarten, endlich Ihren ersten Sprung zu machen. Ihr Freund jedoch weigert sich, mit Ihnen auf den Sprungturm zu klettern, da er sich davor fürchtet, aus dieser Höhe ins Wasser zu springen. Für Sie ist es nur schwer verständlich, wie man sich vor so einer großartigen Sache fürchten kann, denn schließlich haben Sie in Ihrer Kindheit das Schwimmen gelernt und fühlen sich im Wasser entsprechend sicher. Sie könnten nun etwas sagen, wie: „Jetzt stell dich aber mal nicht so an. Das ist doch Wasser, in das du springst, da kann nichts passieren.“, oder: „Seit wann hast du denn Angst davor, ins Wasser zu springen? So kenne ich dich ja gar nicht. Ich hatte keine Ahnung, dass du so ein Angsthase bist.“ In diesem Fall würden Sie den Unmut Ihres Freundes wecken und er wäre entweder verletzt oder wütend und würde anfangen, Ihre Schwächen aufzuzählen, um sich zu verteidigen. Das würde Ihnen natürlich nicht gefallen, also würde die Situation Ihrer Freundschaft schaden.

Andererseits haben Sie in diesem Beispiel auch die Möglichkeit, Ihren Freund zu verstehen und etwas zu sagen, wie: „Ja, ich kann verstehen, dass das nicht etwas für Jeden ist. Wir müssen das nicht machen, wenn du nicht magst.“ Auf diese Weise zeigen Sie ihm, dass Sie Verständnis für seine Angst haben und sie respektieren. So gewinnen Sie seine Sympathie und sein Vertrauen. Sie haben sogar die Möglichkeit, ihn zu unterstützen und etwas zu sagen, wie: „Wenn du möchtest, können wir das gemeinsam üben, damit du in Zukunft nicht mehr Angst davor hast. Ich hatte damals auch immer Angst vor dem Sprung, aber nachdem ich es zum ersten Mal gemacht hatte, hat es einen riesen Spaß gemacht. Wir können klein anfangen und uns dann steigern, wenn du magst.“ So zeigen Sie nicht nur Verständnis für sein Empfinden, sondern bestärken ihn auch darin, dass seine Angst vollkommen natürlich ist und bieten ihm zusätzlich

Ihre Hilfe an. Menschen vergessen nicht, wo sie ehrliches Verständnis und wahre Unterstützung erhalten. In diesem Beispiel wäre es für Sie ein Leichtes, taktvoll mit der Angst Ihres Freundes umzugehen und mit dieser Leichtigkeit könnten Sie sich seine Loyalität und Sympathie sichern.

Im Alltag begegnen Sie immer wieder Menschen, die sich vor Dingen fürchten, die für Sie vollkommen harmlos sind. Genauso können manche Menschen nicht besonders gut mit Stresssituationen umgehen, nicht über sich selbst lachen, einen Konflikt nicht sachlich handhaben, usw., während das alles für Sie ein Leichtes ist. Äußern Sie sich niemals negativ darüber, sondern zeigen Sie Verständnis und helfen Sie, wenn Sie können. Es gibt genauso Dinge, vor denen Sie sich fürchten oder mit denen Sie nicht umgehen können, die für andere Menschen jedoch eine irrelevante Kleinigkeit darstellen.

Ich habe einmal eine Frau kennengelernt, die panische Angst vor Salatgurken hatte und deshalb eine Therapie machte. Das ist kein Scherz! Und das Beste kommt jetzt: In ihrer Freizeit machte sie gerne Fallschirm- und Bungee-Sprünge! Das ist etwas, das ich persönlich niemals machen würde, da ich mich davor fürchte. Eine Salatgurke kommt mir jedoch vollkommen harmlos vor, wie Ihnen wahrscheinlich auch. Die besagte Frau war es gewohnt, dass Menschen sehr taktlos mit ihrer Angst umgingen und sich über sie lustig machten. Als sie jedoch merkte, dass ich ihrer Phobie mit Verständnis und Respekt begegnete, war sie zutiefst dankbar und bat darum, mich zum Abendessen einladen zu dürfen (bei dem es selbstverständlich keine Gurken gab). Ich gestand ihr, dass es für mich schwierig war, die Angst vor einer herkömmlichen Gurke nachzuvollziehen, erklärte aber auch, dass ich die unergründliche Tiefe der Psyche verstand und sehr gut wüsste, dass jeder Mensch eine Phobie hat, die für andere vielleicht unverständlich ist. Hätte ich sie, so wie die meisten anderen Menschen auch, für ihre Angst verspottet, hätte ich nicht das Vergnügen gehabt, diesen wunderbaren und außergewöhnlichen Menschen kennenlernen zu dürfen.

Gibt es etwas Bestimmtes, vor dem Sie Angst haben oder haben Sie vielleicht eine soziale Phobie? Wenn ja, dann wissen Sie mit Sicherheit, wie belastend es ist, wenn andere Menschen sich darüber lustig machen oder kein Verständnis dafür zeigen. Denken Sie nun an die Menschen, die Ihnen helfen und verständnisvoll mit Ihren Schwächen umgehen. Es sind ihre besten Freunde, richtig? Menschen, zu denen Sie aufschauen und die Sie in Ihrem Leben nicht mehr entbehren möchten. Genau so jemand können Sie für andere sein, wenn Sie wahre Empathie empfinden und zeigen.

Es muss nicht immer eine bestimmte Angst oder extreme Empfindung sein, für die man Verständnis und Respekt zeigen kann. Manchmal sind es kleine, ganz alltägliche Situationen, in denen man erkennen kann, dass ein Mitmensch einen schlechten Tag hat oder gerade eine emotional schwierige Zeit durchmacht. Unterstützen Sie Ihre Mitmenschen in solchen Situationen. Muntern Sie sie auf, motivieren Sie sie und lassen Sie sie an Ihren eigenen

Erfahrungen teilhaben, wenn Sie bereits Ähnliches erlebt haben. Stellen Sie sich vor, wie hilfreich das für Sie wäre, wenn Sie gerade in einer schwierigen Situation stecken würden. Seien Sie anderen der Freund, den Sie selbst gerne hätten und Sie werden dafür mit Freundschaft, Treue und Dankbarkeit belohnt werden.

Machen Sie bei Ihrer persönlichen Entwicklung so große Fortschritte, wie Sie nur können, aber lernen Sie auch, Rücksicht auf andere zu nehmen. Nicht jeder Mensch ist gleich und deshalb sollten Sie keine hohen Erwartungen an andere haben. Wenn Sie ambitioniert sind, sich weiterentwickeln, ehrgeizige Ziele verfolgen und dadurch auch Erfolge erzielen, ist das großartig. Aber nur, weil Sie ambitioniert und ehrgeizig sind, heißt das nicht, dass Ihre Mitmenschen das auch sein müssen. Haben Sie Verständnis dafür, dass jeder Mensch seine Willensstärke in seinem ganz eigenen Tempo entwickelt. Seien Sie bescheiden mit Ihren Erfolgen und ermutigen Sie andere, es Ihnen nachzumachen. Seien Sie jedoch niemals herablassend oder verständnislos. Damit vertreiben Sie Ihre Mitmenschen. Als charakterstarker und ambitionierter Mensch haben Sie eine Vorbildfunktion und somit auch eine Verantwortung, der Sie gerecht werden sollten.

Mit den Informationen aus diesem Buch haben Sie die Möglichkeit, die Sympathien und die Gunst Ihrer Mitmenschen zu gewinnen. Sobald das geschehen ist, schauen diese zu Ihnen auf, da sie Sie mögen und bewundern. Das bringt eine gewisse Verantwortung mit sich, der Sie gerecht werden sollten, um einen Mehrwert für alle Beteiligten zu schaffen. Seien Sie anderen ein gutes Vorbild und ermutigen Sie Ihre Mitmenschen, über sich hinauszuwachsen und Großartiges zu schaffen. Seien Sie taktvoll und empathisch, wenn andere sich schwach zeigen und bauen Sie sie auf, wenn sie Unterstützung brauchen. Als Vorbild haben Sie wesentlich mehr Einfluss auf Ihre Mitmenschen als andere. Nutzen Sie diesen Einfluss und helfen Sie Ihren Freunden, die besten Menschen zu sein, die sie sein können. Diese werden Ihnen dafür Dank und Wertschätzung entgegenbringen.

Jeder Mensch hat nicht nur den Wunsch, sondern auch das Recht darauf, fair und gerecht behandelt zu werden. Deshalb sollten Sie einen fairen Umgang zu all Ihren Mitmenschen pflegen, egal, wie unsympathisch jemand auf Sie wirkt oder wie schwierig eine Situation auch sein mag. Sobald Ihre Mitmenschen das Gefühl haben, dass Sie Ihre schlechte Laune an ihnen entladen oder dass Sie andere Menschen in Entscheidungssituationen grundlos bevorzugen, wenden sie sich von Ihnen ab. Auch hier ist der Grat zwischen dem Gewinnen und Verlieren Ihrer Mitmenschen teilweise sehr schmal. Lassen Sie mich Ihnen ein kleines Beispiel dafür geben:

Sie haben einen furchtbar schlechten Tag. In der Nacht haben Sie sich ewig hin und her gewälzt, über alle möglichen Problemthemen nachgedacht, nur sehr wenig Schlaf bekommen und mussten schließlich früh zur Arbeit aufstehen. Nach dem Aufstehen stellen Sie fest, dass Sie keinen Kaffee mehr zu Hause haben, was für Sie ein ganz klares Zeichen dafür ist, dass Ihnen ein schlechter Tag bevorsteht. Als Sie endlich an Ihrer Arbeitsstelle ankommen, finden Sie dort zahlreiche Aufgaben und Probleme vor, die Sie innerhalb kürzester Zeit bewältigen müssen. Um das alles zu schaffen, verzichten Sie sogar auf Ihre Mittagspause. Immer, wenn Sie jemand anspricht, sind Sie extrem kurz angebunden und abweisend. Sie denken sich, dass Sie jetzt keine Ablenkung gebrauchen können und versuchen, den Tag irgendwie durchzustehen. Sogar die Kollegen, mit denen Sie sich eigentlich gut verstehen, haben an diesem Tag keine Chance, Ihnen ein Lächeln abzugewinnen. Irgendwann haben Sie schließlich alles erledigt und fahren müde und erschöpft nach Hause. Dort wartet bereits Ihre Familie auf Sie. Ihre Kinder streiten sich um eine Kleinigkeit, aber Sie haben beim besten Willen nicht die Kraft oder Ausdauer, um sich damit zu beschäftigen. Sie schimpfen mit beiden und sagen ihnen, sie sollen sich endlich vertragen und ruhig verhalten. Ihren/Ihre Partner/in lassen Sie links liegen, da Sie jetzt nur noch duschen, zu Abend essen und sich dann ausruhen wollen. Der Preis, den Sie dafür zahlen, den Tag auf diese Weise überstanden zu haben, ist hoch: Sie haben Ihren Kollegen vor den Kopf gestoßen, Ihre Kinder ungerecht behandelt und Ihren/Ihre Partner/in verletzt. Das Ganze hätte auch anders ausgehen können:

Seien Sie sich stets Ihrer Eigenverantwortung bewusst. Sie entscheiden über alles, was in Ihrem Leben geschieht. Es gibt wenige Dinge, auf die Sie keinen Einfluss haben (Schicksalsschläge, die Zeit, der Tod), aber Sie selbst können sich aussuchen, wie Sie damit umgehen. Eigenverantwortlich zu sein, ist Ihre Aufgabe als selbstbewusster Mensch. Wenn Sie nachts nicht schlafen können, weil Sie sich zu viele Gedanken machen, dann haben Sie das zu verantworten. Wenn Sie keinen Kaffee mehr zu Hause haben, liegt das daran, dass Sie keinen neuen gekauft haben. Wenn Sie auf der Arbeit Vieles zu bewältigen haben, liegt es daran, dass Sie entweder in letzter Zeit nachlässig waren oder nicht mit Ihrem Arbeitgeber darüber gesprochen haben, dass Ihre Arbeit Sie überfordert. An all dem sind nicht Ihre Kollegen, Ihre Kinder, Ihr/e Partner/in oder sonst jemand Schuld. Wenn Sie Ihre Eigenverantwortung anerkennen, fällt es Ihnen viel leichter, Ihre Mitmenschen fair zu behandeln, auch wenn Sie einen schweren Tag haben.

Die Menschen, denen Sie sympathisch sind, haben den Wunsch, Sie zu unterstützen und glücklich zu machen. Wenn Sie sich in unserem Beispiel auf der Arbeit nur ein paar Minuten Zeit nehmen, um sich mit Ihren Kollegen zu unterhalten, könnten Sie dabei auch erwähnen, dass Sie einen schwierigen Tag haben und jeder würde Verständnis dafür haben. Man würde Sie dafür bewundern, dass Sie sich trotz des engen Zeitplans Zeit für eine kleine Unterhaltung nehmen. So geben Sie Ihren Mitmenschen das Gefühl, dass sie Ihnen wichtig sind und dass sie es Ihnen wert sind, etwas von Ihrer kostbaren Zeit aufzubringen. Erinnern Sie sich daran, was Menschen am meisten wollen? Wichtig und bedeutend sein. Dieses Gefühl zu vermitteln, kostet Sie allerhöchstens nur ein paar Minuten und hebt zusätzlich

Ihre eigene Laune, wodurch Ihnen die Arbeit automatisch leichter von der Hand geht. Auch den Konflikt zwischen Ihren Kindern könnten Sie innerhalb weniger Minuten auflösen, indem Sie sich die Zeit nehmen, die verschiedenen Standpunkte Ihrer Kinder anzuhören und anschließend einen Kompromiss vorzuschlagen. So verletzten Sie Ihre Kinder nicht, sondern geben ihnen das Gefühl, dass Sie immer für sie da sind, egal wie schwer die Last auf Ihren Schultern ist. Weiterhin ersparen Sie sich das schlechte Gewissen, das Sie später einholen würde. Auch Ihren/Ihre Partner/in sollten Sie nicht abweisen. Wenn Sie ehrlich zugeben, dass es Ihnen nicht gut geht und dass Sie etwas Ruhe brauchen, ist das immer noch besser, als gar nichts zu sagen. Wenn Sie die Menschen, die Ihnen wichtig sind, ungerecht behandeln, bereuen Sie es im Nachhinein ohnehin. Sparen Sie sich die Reue, indem Sie von Anfang an fair handeln, egal, wie schwer Ihr Tag auch sein mag.

Wenn das ganze Szenario umgekehrt läuft und Sie erleben, dass jemand einen schlechten Tag hat und sich deshalb teilweise unfair verhält, dann erwarten Sie nicht von ihm, dass er so rücksichtsvoll ist, wie Sie es vielleicht wären. Versuchen Sie, sich in Ihr Gegenüber hineinzuversetzen und entwickeln Sie Verständnis für seine Situation. Später, wenn er sein Verhalten bereut, sollten Sie nicht nachtragend sein, sondern die Chance nutzen, seine Wertschätzung gewinnen, indem Sie Verständnis zeigen. Erklären Sie, dass Sie auch schon furchtbare Tage hatten und sein Verhalten nachvollziehen können. Er wird es Ihnen danken!

Wenn Sie Ihre Mitmenschen für sich gewinnen wollen, geht es häufig darum, ein gutes Vorbild zu sein. Viele Menschen werden diese Zeilen lesen und das Gefühl haben, es sei ungerecht, dass sie gute Vorbilder sein und zusätzlich noch die Fehler anderer ertragen müssen. Das ist jedoch nicht ungerecht, sondern der Preis, den das Geheimnis der Anziehung verlangt. Als Belohnung für diese Charakterstärke werden Sie zu einem einflussreichen und geliebten Menschen. Erfolg, Einfluss und eine starke Anziehung auf andere Menschen erlangen nur jene, die bereit sind, in Vorleistung zu gehen. Man investiert Zeit, Geduld, Interesse, Energie, Verständnis und noch vieles mehr, erhält aber all das mindestens doppelt zurück. Wenn Sie nicht in Vorleistung gehen möchten, da Sie Angst haben, etwas zu verlieren, dann sollten Sie dieses Buch schließen und beiseitelegen. Das Geheimnis der Anziehung kann in der Theorie von jedem Menschen angewendet werden, aber nur Wenige sind bereit, dies auch wirklich zu tun. Das ist der Grund dafür, warum es nur wenige einflussreiche Menschen gibt, die zahllose andere Menschen anziehen und begeistern. Sie können sich aussuchen, auf welcher Seite Sie stehen möchten. Es geht nicht immer nur darum, die Stärken Ihrer Mitmenschen zu fördern, sondern manchmal auch darum, gefühlvoll mit ihren Schwächen umzugehen. In beiden Fällen sorgen Sie dafür, dass man Sie als besonders und unverzichtbar empfindet. Auch in diesem Kapitel können Sie wieder erkennen, dass es sich um kleine Gesten handelt, die Großes bewirken. Das ist der Schlüssel zum Geheimnis der Anziehung.

Zusammenfassung des ersten Teils

Der effektivste Weg, die Sympathien und den Einfluss Ihrer Mitmenschen zu gewinnen, ist der direkte Kontakt. Deshalb haben wir uns im ersten Teil des Buches mit zahlreichen Möglichkeiten und Methoden beschäftigt, die es Ihnen ermöglichen, Ihre Mitmenschen im direkten Kontakt für sich zu gewinnen. Für ein besseres Verständnis und eine Auffrischung des Gelesenen werde ich die wesentlichen Punkte und Fakten noch einmal möglichst kompakt zusammenfassen:

Der Wunsch, bedeutend, wichtig und besonders zu sein, ist der wahrscheinlich stärkste Trieb des Menschen. Beinahe alles, was wir tun, dient diesem Wunsch. Sie können sich das zu Nutze machen, indem Sie Ihren Mitmenschen das Gefühl geben, sie seien für Sie interessant, beeindruckend und besonders.

Wenn Sie wollen, dass andere sich für Sie interessieren, müssen Sie zuerst mit ein wenig Interesse in Vorleistung gehen. Lassen Sie Ihre Mitmenschen von sich erzählen und geben Sie ihnen die Chance, sich von ihrer besten Seite zu zeigen. Als Dank dafür werden Sie die Möglichkeit erhalten, zu zeigen, wie interessant, einzigartig und besonders Sie sind und somit Ihr Gegenüber für sich zu gewinnen.

Das Geheimnis der Anziehung basiert auf simplen Prinzipien. Nur, wenn Sie etwas geben, erhalten Sie auch etwas zurück. Wenn Sie etwas erzwingen wollen, verlieren Sie. Je geschickter Sie vorgehen, desto mehr werden Sie gewinnen.

Sie fangen eine Maus nicht mit dem, was Ihnen schmeckt, sondern mit dem, was der Maus schmeckt. Die einzige erfolgreiche Möglichkeit, einen Menschen dazu zu bringen, das zu tun, was Sie wollen, liegt darin, ihm Ihr Anliegen schmackhaft zu machen. So erschaffen Sie eine ehrliche Motivation, die allen Beteiligten einen Mehrwert bietet.

Ihre Mitmenschen werden Sie meiden und hassen, wenn Sie versuchen, sie zu etwas zu zwingen oder ihre Schwächen auszunutzen. Wenn Sie Ihre Wünsche jedoch so zum Ausdruck bringen, dass sie auch für Ihre Mitmenschen erstrebenswert sind, werden diese Ihnen dankbar dafür sein, dass Sie ihren Trieb nach Geltung und Bedeutung befriedigen. Versetzen Sie sich stets in Ihr Gegenüber hinein und fragen Sie sich, wie Sie von Ihren Wünschen profitieren könnten, wenn Sie er wären.

Nur wenn Sie sich ehrlich für Ihre Mitmenschen interessieren und ihnen das Gefühl geben, dass Sie sie mögen, werden diese Ihnen vertrauen und Sympathiegefühle für Sie entwickeln. Sie würden sich auch nicht zu jemandem hingezogen fühlen, der Sie kaum wahrnimmt und Ihnen nicht das Gefühl gibt, dass Sie eine Relevanz für ihn haben.

Verwickeln Sie die Menschen, auf die Sie eine Anziehung ausüben wollen, in ein Gespräch. Ein Gespräch von Angesicht zu Angesicht ist die beste Möglichkeit, um Mitmenschen für sich zu gewinnen. Vergessen Sie Telefonie,

SMS oder Sprach-Chats, denn dabei sind Ihre Möglichkeiten stark eingeschränkt. Nur beim direkten Kontakt kann das Geheimnis der Anziehung voll und uneingeschränkt wirken.

Denken Sie immer an die drei Grundregeln für eine erfolgreiche Konversation: Aufmerksamkeit, ein gutes Gedächtnis und Interaktion. Mit allen drei Faktoren geben Sie Ihrem Gegenüber das Gefühl, wichtig zu sein und gewinnen so seine Gunst.

Hören Sie nicht einfach nur zu, sondern interagieren Sie. Gestalten Sie eine Unterhaltung stets spannend für alle Beteiligten, indem Sie in Ihrer Rolle als Zuhörer aufleben und das Gefühl vermitteln, dass das Gesagte Sie interessiert. Sie würden sich auch nicht mit jemandem unterhalten wollen, der Ihre Worte nur über sich ergehen lässt, um nicht unhöflich zu sein.

Merken Sie sich, was man Ihnen sagt. Wenn Sie das, was man Ihnen erzählt, zu einem späteren Anlass aus eigenem Antrieb erneut wiedergeben können, gewinnen Sie schlagartig Sympathien. Menschen sind nahezu süchtig danach, bestätigt zu bekommen, dass sie etwas Wichtiges zu sagen haben. Was könnte eine effektivere Bestätigung sein als die Tatsache, dass Sie es sich gemerkt haben?

Fragen Sie Ihre Mitmenschen nach ihrer Meinung, um eine Atmosphäre des Vertrauens zu erschaffen. Ob Sie diese Meinung letztendlich beherzigen oder nicht, obliegt ganz Ihnen, aber die Frage danach beweist Ihre guten Absichten. Vermitteln Sie Ihrem Gegenüber das Gefühl, dass es Ihnen wichtig ist, seinen Rat zu erhalten und sichern Sie sich somit sein Vertrauen.

Machen Sie anderen Komplimente, um ihren Wunsch nach Geltung zu erfüllen. Zeigen Sie ehrliche Wertschätzung für das, was Ihre Mitmenschen gut machen, was sie sich hart erarbeitet haben oder belohnen Sie sie mit ein paar netten Worten, wenn sie Mut beweisen. Bestätigung ist etwas, wonach alle Menschen sich sehnen und sobald Ihre Mitmenschen merken, dass sie bei Ihnen etwas davon bekommen können, werden sie sich automatisch zu Ihnen hingezogen fühlen.

Unterstützen Sie die Menschen in Ihrem Umfeld und gönnen Sie ihnen ihre Erfolge. Auf diese Weise gewinnen Sie zahlreiche Unterstützer, die auch Sie auf Ihrem Weg zum persönlichen Erfolg tragen und leiten werden.

Entwickeln Sie ein Gespür dafür, was Ihr Gegenüber gerade gut gebrauchen könnte. Bieten Sie ein offenes Ohr, spenden Sie Trost und Motivation, verteilen Sie Komplimente und geben Sie gute Ratschläge. Ihre Mitmenschen werden Sie für all das zu schätzen lernen und sich langfristig dafür erkenntlich zeigen.

Ihr Lächeln ist der Schlüssel zu allen Menschen. Lächeln Sie viel und natürlich, denn so sehen Sie nicht nur am besten aus, sondern geben Ihren Mitmenschen auch das Gefühl, dass Sie sich auf sie freuen.

Mit Ihrem natürlichen Lächeln können Sie Menschen bereits für sich gewinnen, bevor Sie auch nur ein Wort mit ihnen gesprochen haben. Ihr Lächeln kann Ihnen alle Türen im Leben öffnen, da es Ihnen die Sympathien all Ihrer Mitmenschen sichert.

Menschen meiden Probleme und suchen die Nähe von Personen, die Fröhlichkeit und Zuversicht vermitteln. Seien Sie deshalb stets aufgeschlossen, freundlich, optimistisch und verbreiten Sie gute Laune. So suggerieren Sie auch Ihrem Unterbewusstsein Positives und lernen, das Leben ausschließlich von seiner guten Seite zu sehen.

Ein ausgeprägter Sinn für Humor übt eine starke Anziehungskraft auf Menschen aus. Geben Sie sich Mühe, auch die unglücklichsten Tage mit Humor zu nehmen und lachen Sie gelegentlich über sich selbst. Es muss nicht immer alles ernst und problematisch sein. Lachen Sie, wann immer Ihnen etwas Lustiges widerfährt und stecken Sie andere mit Ihrer Heiterkeit an. Jeder kann hin und wieder einen guten Lacher gebrauchen und man wird Sie für die Fähigkeit bewundern, aus allem einen Grund zum Lächeln zu verwandeln.

Seien Sie stets natürlich. Ihre Mitmenschen haben ein Recht darauf, Sie als die Person kennenzulernen, die Sie wirklich sind. Verstellen Sie sich nicht, um jemanden zu beeindrucken, denn sonst beginnt Ihre Freundschaft mit einer Lüge. So, wie Sie sind, üben Sie die stärkste Anziehung auf andere Menschen aus.

Der erste Eindruck ist entscheidend. Verkörpern Sie Freundlichkeit, Offenheit und Aufgeschlossenheit, indem Sie lächeln, eine aufrechte Körperhaltung einnehmen, ganz Sie selbst sind und sich ehrlich für Ihr Gegenüber interessieren. So hinterlassen Sie einen bleibenden positiven Eindruck.

Kritisieren Sie Ihre Mitmenschen nicht, sondern helfen Sie ihnen dabei, ihre Fehler zu erkennen und sich zu verbessern. So gewinnen Sie andere für sich, anstatt sie durch offensive Kritik zu verlieren.

Die wenigsten Menschen sind dazu in der Lage, sich ihre Fehler einzugestehen. Deswegen sollten Sie nicht auf den Fehlern anderer hacken, denn das führt nur dazu, dass diese sich von Ihnen distanzieren.

Wenn Sie jemanden kritisieren, kränken Sie damit seinen Stolz und sein Selbstwertgefühl. Sie drängen ihn in die Defensive und sobald das geschehen ist, können Sie nicht mehr zu ihm durchdringen. Erst, wenn Sie lernen, mit den Fehlern Ihrer Mitmenschen gefühlvoll umzugehen und ihnen zur Besserung zu verhelfen, können Sie andere für sich gewinnen.

Menschen werden nicht von der Logik, sondern von ihren Emotionen beherrscht. Sie können beliebig viele logische Argumente aufzählen, die die Fehler Ihrer Mitmenschen belegen und werden dennoch keine Erfolge erzielen. Erst, wenn Sie sich in Ihr Gegenüber hineinversetzen und Verständnis für seine Fehler zeigen, werden Sie etwas erreichen.

Jeder kann kritisieren und schonungslos auf den Fehlern anderer herumhacken, aber nur charakterstarke und empathische Menschen können Fehler verstehen, verzeihen und Wege zur Besserung aufzeigen. Sie können frei wählen, was für ein Mensch Sie sein möchten.

Belohnung ist effektiver als Kritik oder Bestrafung. Heben Sie hervor, was Ihre Mitmenschen gut machen und fügen Sie hinzu, dass sie etwas sogar noch besser machen könnten, wenn sie sich an Ihre Vorschläge halten. Niemand möchte hören, dass er etwas falsch macht, aber jeder möchte positive Bestätigung für sein Handeln erhalten.

Wenn Sie sich in Ihre Mitmenschen hineinversetzen und verstehen, warum sie Fehler machen, erhalten Sie eine viel bessere Grundlage, auf der Sie Veränderungen schaffen können. Erklären Sie, dass Sie die Gedanken und Hintergründe hinter dem Fehler verstehen und heben Sie auch hervor, warum das Ihrer Meinung nach nicht optimal ist oder nicht wie gewünscht funktioniert. So geben Sie anderen die Chance, selbst zu erkennen, was sie falsch machen. Anschließend wird man Ihnen für Ihr Verständnis, Ihre Geduld und für das Lösen des Problems dankbar sein.

Vergessen Sie nicht, dass Fehler menschlich sind und vermitteln Sie auch genau das Ihren Mitmenschen. Seien Sie nicht nachtragend, sondern helfen Sie anderen dabei, die besten Menschen zu sein, die sie sein können. So wird man auch Ihnen Ihre Fehler verzeihen und Sie nicht kritisieren, sondern stets einen produktiven Austausch mit Ihnen führen.

Bevor Sie jemanden für einen Fehler kritisieren, sollten Sie darüber nachdenken, welche Behandlung Sie sich wünschen würden, wenn Sie denselben Fehler begangen hätten. Seien

Sie anderen Menschen der Freund, den Sie selbst gerne hätten und Sie werden unendliche Wertschätzung erfahren.

Versuchen Sie niemals, einen Streit zu gewinnen. Bei einem Streit gibt es nichts zu gewinnen, sondern eine Menge zu verlieren. Sie schaden sich, führen einen unproduktiven Austausch und verlieren einen Mitmenschen.

Im Recht zu sein, bringt Ihnen überhaupt nichts. Es ist allerhöchstens eine Linderung für Ihr Ego, bringt aber keinen nennenswerten Mehrwert. Der Preis den Sie dafür zahlen, ist hoch: Sie verletzen den Stolz Ihrer Mitmenschen, zwingen ihnen Ihre Meinung auf und sorgen dafür, dass sie sich von Ihnen distanzieren.

Streiten Sie nicht, sondern führen Sie einen produktiven Meinungsaustausch. Einen solchen erkennen Sie daran, dass zwei Menschen verschiedene Standpunkte zu einem bestimmten Thema beleuchten können, ohne dabei versuchen, sich gegenseitig eine Meinung aufzuzwingen. Verschiedene Blickwinkel sind wertvoll und können dazu beitragen, Lösungen für Probleme zu finden, auf die Sie nicht alleine gekommen wären. Versuchen Sie, sich vorzustellen, wie langweilig das Leben wäre, wenn alle immer derselben Meinung wären.

Wenn Sie es schaffen, einen Streit zu vermeiden und einen Kompromiss herbeizuführen, gewinnen Sie Ihre Mitmenschen für sich, anstatt sie durch einen Konflikt zu verlieren.

Indem Sie andere aussprechen lassen und sich Fehler eingestehen, nehmen Sie Ihren Mitmenschen nicht nur den Grund zur Wut, sondern auch die Munition. Wozu sollte man Ihnen noch Vorwürfe machen, wenn Sie sich Ihre Fehler selbst eingestehen? Man wird Ihre Ehrlichkeit und Korrektheit zu schätzen wissen.

Zeigen Sie Charakterstärke und Größe, indem Sie den ersten Schritt zu einem Kompromiss machen. Beim Geheimnis der Anziehung geht es häufig darum, den ersten Schritt zu machen und mit guten Eigenschaften in Vorleistung zu gehen, um sie später doppelt zurückzuerhalten.

Haben Sie Respekt und Verständnis für das, woran Ihre Mitmenschen glauben. Sie müssen nicht in allen Details dieselbe Meinung haben, um glücklich Seite an Seite leben zu können. Wenn Sie anderen das Gefühl geben, dass Sie ihre Einstellungen tolerieren und unterstützen, gewinnen Sie ihre Sympathien wie von ganz allein.

Wir alle gehen unterschiedlich mit Stress, Ängsten und Problemen um. Kritisieren Sie andere nicht, wenn sie eine Herausforderung anders angehen, als Sie es tun würden. Bieten Sie stattdessen Ihre Unterstützung an. Wenn Sie anderen in schwierigen Zeiten Hilfe und Verständnis entgegenbringen, sichern Sie sich ihre langfristige Dankbarkeit und Wertschätzung.

Empathie ist eine der Schlüsseleigenschaften des Geheimnisses der Anziehung. Sie sorgt dafür, dass Ihre Mitmenschen sich von Ihnen verstanden fühlen, Ihnen vertrauen und mit Ihnen befreundet sein wollen.

Behandeln Sie Ihre Mitmenschen fair. Seien Sie sich Ihrer Eigenverantwortung bewusst und machen Sie nicht andere dafür verantwortlich, wenn Sie einen schlechten Tag haben. Versuchen Sie, auch in schweren Zeiten für Ihre Mitmenschen da zu sein, denn dann wird man immer für Sie da sein.

Dies sind die wesentlichen Bestandteile des ersten Teils des Buches. Notieren Sie sich die für Sie wichtigsten Punkten und werfen Sie zwischendurch immer wieder einen Blick darauf. Sie werden feststellen, dass Sie durch die Anwendung all dieser simplen Prinzipien nahezu unglaubliche Veränderungen in Ihrem Alltag erleben werden. Sie werden sich in Ihrem direkten Umfeld einen positiven Ruf aufbauen und die sozialen Bindungen zu Ihren Mitmenschen verstärken. Das Geheimnis der Anziehung sorgt dafür, dass Ihre Mitmenschen Sie mögen, wertschätzen und bei Ihrer persönlichen Entwicklung unterstützen, wodurch Ihre Anziehungskraft sich zusätzlich erhöhen wird.

Teil 2: Wie Sie die Anziehung auf Ihre Mitmenschen verstärken und ihre Bewunderung gewinnen

Die tragenden Säulen der Anziehung

Der direkte Kontakt ist zwar die beste Möglichkeit, seine Mitmenschen für sich zu gewinnen, aber nicht die einzige. Alle Informationen, Methoden und Mittel, die Sie im ersten Teil des Buches kennengelernt haben, sind zweifellos höchst effektiv. Sie setzen jedoch voraus, dass Sie mit den Menschen, deren Sympathien Sie gewinnen möchten, bereits in Kontakt stehen oder die Möglichkeit haben, sie kennenzulernen. Um an diesen Punkt zu kommen, müssen Sie zuerst einmal dafür sorgen, dass Ihre Mitmenschen mit Ihnen in Kontakt kommen möchten. Sie müssen auffallen und aus der Masse herausstechen, denn bei weit über 7 Milliarden Menschen auf der Welt sind Sie in der Regel nur eine von vielen vorbeirauschenden Personen im Leben Ihrer Mitmenschen.

In diesem zweiten Teil des Buches werden wir uns damit beschäftigen, welche persönlichen Eigenschaften Sie entwickeln oder weiterentwickeln müssen, um eine anziehendere und beeindruckendere Persönlichkeit zu werden. Es geht hier weniger darum, wie Sie mit Ihren Mitmenschen umgehen, sondern eher darum, wie Sie mit sich umgehen, sich als Persönlichkeit entwickeln und Ihre Stärken zur Geltung bringen. Viele Ihrer positiven Eigenschaften kann man alleine Ihrer Ausstrahlung entnehmen und manche davon sorgen dafür, dass Sie einen Ruf aufbauen, von dem sich alle Menschen in Ihrem

Umkreis selbst überzeugen werden wollen. Alle Informationen und Methoden, die Sie im Folgenden kennenlernen werden, verstärken Ihre Anziehung nicht nur auf die Menschen, mit denen Sie bereits in Kontakt stehen, sondern auch auf jene, die Sie noch nicht oder nur flüchtig kennen.

Die mit Abstand wichtigsten Eigenschaften eines anziehenden und erfolgreichen Menschen sind sein Selbstbewusstsein, sein Selbstvertrauen und sein Selbstwertgefühl. Vielleicht können Sie sich mit manchen Ratschlägen aus diesem Buch nicht anfreunden und überspringen Sie deshalb. Mit diesem hier sollten Sie das auf keinen Fall tun, denn sonst wird das Geheimnis der Anziehung nicht für Sie wirken. Fragen Sie sich das Folgende: Wieso sollte jemand Sie als besonderen Menschen wahrnehmen und ein Interesse daran entwickeln, Sie kennenzulernen, wenn Sie selbst kein Bewusstsein über Ihre Persönlichkeit haben und selbst nicht wissen, welche Vorzüge eine Freundschaft mit Ihnen hat? Wieso sollte Ihnen jemand sein Vertrauen schenken und es Ihnen erlauben, Einfluss auf ihn zu nehmen, wenn Sie sich nicht einmal selbst vertrauen können? Wieso sollte Sie jemand mögen, bewundern und Ihnen Wertschätzung entgegenbringen, wenn Sie sich selbst nicht wertschätzen? Welchen Grund sollte jemand haben, etwas für Sie zu empfinden, das Sie selbst nicht empfinden? Wie können Sie ein anziehender und einflussreicher Mensch werden, wenn Sie sich selbst nicht zutrauen, all das zu sein? Sie werden keine logischen Antworten auf diese Fragen finden, denn die

Wahrheit ist, dass Sie kein anziehender, einflussreicher und beliebter Mensch sein können, wenn Sie sich nicht selbst lieben, bewundern und vertrauen.

Ein stark ausgeprägtes Selbstbewusstsein gehört zu den erstrebenswertesten Dingen im Leben, denn es ist der Schlüssel zu Erfolg, Glück, Zufriedenheit und mehr Lebensqualität. Zu diesem Thema gibt es so viel zu sagen, dass ich ein ganzes Buch darüber verfasst habe, das tausenden Menschen dabei geholfen hat, selbstbewusster und erfolgreicher zu werden. Im Folgenden werde ich Ihnen einen kompakten Grundkurs über die Entwicklung von mehr Selbstbewusstsein, Selbstvertrauen und Selbstwertgefühl geben, der ausreicht, um in Bezug auf das Geheimnis der Anziehung große Fortschritte zu erzielen. Sollten Sie sich auch darüber hinaus für das Thema „mehr Selbstbewusstsein“ interessieren, möchte ich Ihnen an dieser Stelle mein Buch „Endlich selbstbewusst“ empfehlen.

Die meisten Menschen haben eine falsche Vorstellung davon, was Selbstbewusstsein eigentlich ist. Sie denken in erster Linie an finanziellen Reichtum, Berühmtheit oder sehr gut funktionierende soziale Bindungen. Das alles sind jedoch lediglich die positiven Folgeerscheinungen, die aus einem gesunden Selbstbewusstsein resultieren.

Selbstbewusstsein ist nichts anderes als das Bewusstsein über sich selbst als denkendes und lebendes Wesen. Es bedeutet, dass Sie sich selbst besser kennen als jeden anderen Menschen und über alles, was Ihre Persönlichkeit betrifft, vollkommen im Bilde sind. Es ist dieses

Bewusstsein, das es Ihnen ermöglicht, immer in Ihrem Sinne zu handeln und zu wissen, was das Beste für Sie ist. Es ermöglicht es Ihnen, auch in schwierigen Situationen die richtigen Entscheidungen zu treffen, da Sie immer genau wissen, wie Sie mit den Herausforderungen des Alltags umzugehen haben. Es lässt Sie genau wissen, welche Qualitäten Sie haben und hilft Ihnen dabei, Grenzen zu erweitern und über sich hinauszuwachsen.

Aus diesem Bewusstsein über sich selbst resultiert schließlich Ihr Selbstvertrauen. Damit Sie jemandem vertrauen können, müssen Sie ihn erst einmal kennenlernen. Wenn jemand in Ihr Leben tritt und Ihr Vertrauen gewinnen möchte, muss er sich und seine persönlichen Qualitäten zuerst einmal beweisen. Das ist bei Ihnen selbst nicht anders! Sie müssen sich kennenlernen, also ein gesundes Selbstbewusstsein entwickeln, um Vertrauen zu sich zu gewinnen. Mit jedem Erfolg, den Sie erzielen, führen Sie sich Ihre Stärken und positiven Charaktereigenschaften einmal mehr vor Augen, was Ihr Vertrauen in sich stärkt. Sie beginnen, sich immer mehr Herausforderungen zu stellen, da Sie ein Gefühl dafür entwickeln, was Sie alles schaffen können und verstärken somit die Entwicklung Ihrer Persönlichkeit.

Ihr Selbstwertgefühl ist die Wertschätzung, die Sie sich selbst für Ihr Selbstbewusstsein und Ihr Selbstvertrauen entgegenbringen. Als logische Konsequenz dafür, dass Sie sich vertrauen können und Wunderbares in Ihrem Leben bewerkstelligen, wächst Ihre Selbstliebe. Sie lernen, das

Gute in sich und Ihren persönlichen Qualitäten zu sehen und Sie lernen auch, sich für Ihre Charakterstärke zu bewundern.

Diese drei Faktoren, Ihr Selbstbewusstsein, Ihr Selbstvertrauen und Ihr Selbstwertgefühl, sorgen dafür, dass Sie persönlichen Erfolg haben. Sie verstärken Ihre Anziehung auf Ihre Mitmenschen und lösen die Grenzen in Ihrem Leben auf, sodass Sie sich frei entfalten können. Es sind diese Faktoren, die dafür sorgen, dass Sie aufrechten Hauptes voranschreiten, sich mutig allen Herausforderungen des Lebens stellen, sich den Erfolg erarbeiten, den Sie sich immer gewünscht haben und dadurch die Aufmerksamkeit Ihrer Mitmenschen auf sich ziehen.

Wenn Sie selbst nicht von sich überzeugt sind, hat niemand einen Grund dazu, sich für Sie zu interessieren. Wenn Sie Ihr Selbstvertrauen und Ihr Selbstwertgefühl jedoch ausstrahlen, werden Ihre Mitmenschen neugierig darauf werden, was an Ihnen so besonders ist, dass Sie auf ganz natürliche Art und Weise Selbstsicherheit verkörpern.

Leider stehen sich viele Menschen bei ihrer Entwicklung selbst im Weg, da sie befürchten, sich zu einer egoistischen, arroganten oder selbstsüchtigen Person zu entwickeln, wenn sie ihr Selbstbewusstsein fördern. Entfernen Sie sich von diesem Gedanken! Sie leben Ihr eigenes Leben und stehen in einer festen Eigenverantwortung. Es gibt zahlreiche sehr wichtige Menschen um Sie herum, aber die wichtigste Person sind immer Sie selbst! Um anderen helfen zu können, müssen Sie sich zuerst selbst helfen können. Um anderen einen Mehrwert bieten zu können, müssen Sie sich Ihrer Qualitäten bewusst sein und um andere wirklich lieben zu können, müssen Sie sich selbst lieben. In jedem Bereich der persönlichen Entwicklung ist ein ausgeprägtes Selbstbewusstsein der Schlüssel zum Erfolg. Vergessen Sie das niemals und kehren Sie immer wieder zu diesem Gedanken zurück, wenn Sie an einen Punkt gelangen, an dem Sie nicht mehr weiter wissen.

Ein selbstbewusster Mensch ist jemand, der seine eigenen Entscheidungen trifft und seine eigenen Interessen vertritt. Lassen Sie sich nicht in Situationen drängen, die Ihnen unangenehm sind. Viele Menschen haben ein Problem damit, nein zu sagen und schaden sich dadurch selbst. Wenn Sie anderen niemals eine Bitte abschlagen können, immer wieder Überstunden für Ihre Kollegen machen und sich um Probleme kümmern, mit denen Sie eigentlich nichts zu tun haben, dann werden Ihre Mitmenschen früher oder später merken, dass man Sie und Ihre Gutmütigkeit leicht ausnutzen kann. Wenn Sie jedoch selbstbewusst sind und für Ihre eigenen Interessen einstehen, wird man Sie respektieren. Es ist gut und sinnvoll, ein hilfsbereiter Mensch zu sein, aber es ist Ihre Aufgabe, eine Grenze zu finden und konsequent zu ziehen, damit Ihre Hilfsbereitschaft nicht ausgenutzt wird. Wenn Sie genau wissen, wo die Grenze ist, dann werden die Menschen um Sie herum das auch tun. Eine selbstbewusste Person weiß, was sie will und was nicht. Diese Konsequenz vermittelt Charakterstärke, für die man Sie bewundern wird.

Als selbstbewusste Person wissen Sie, was Sie gut können und was nicht. Seien Sie nicht bescheiden, wenn es um Ihre Stärken geht und seien Sie bodenständig und realistisch, wenn Ihre Schwächen zum Thema werden. Rücken Sie Ihre Stärken in den Mittelpunkt und setzen Sie sie ein, um Ihren Mitmenschen zu helfen und sie zu unterstützen. Sagen Sie es offen, wenn Sie etwas gut können. Es wird mit Sicherheit einige Neider geben, die Sie als arrogant empfinden werden, aber die Mehrheit der Menschen wird Sie für Ihre Selbstsicherheit bewundern. Genauso können Sie andere damit beeindrucken, wenn Sie sich Schwächen eingestehen. Erinnern Sie sich: Nur sehr wenige Menschen sind dazu in der Lage. Es ist eine Möglichkeit für Sie, zu beweisen, dass Sie außergewöhnlich sind und sich, im Gegensatz zu den meisten Menschen, trauen, der Realität ins Auge zu sehen.

Wenn Sie neue Leute kennenlernen möchten, dann gehen Sie einfach auf sie zu. Stellen Sie sich folgendes vor: Jemand hat von Ihren Freunden erfahren, dass Sie ein sehr freundlicher und bewundernswerter Mensch sind und möchte Sie deswegen gerne kennenlernen. Hin und wieder, wenn Sie sich mit Ihren Freunden treffen, begegnen Sie dieser Person, nehmen aber niemals Kontakt auf, da Sie sich unsicher sind. Auf der anderen Seite steht diese Person und traut sich ihrerseits nicht, einen Schritt auf Sie zuzumachen. Nun frage ich Sie: Wie soll jemals Kontakt zwischen Ihnen entstehen, wenn niemand den ersten Schritt macht? So funktioniert es natürlich nicht. Machen Sie immer den ersten Schritt! So wirken Sie freundlich, aufgeschlossen, mutig und gewinnen automatisch die Sympathie Ihres

Gegenübers, da Sie ihm seine Schwäche abnehmen und das Kennenlernen ermöglichen. Erwarten Sie niemals von anderen, dass sie von sich aus auf Sie zukommen. Im Grunde genommen sollten Sie das noch nicht einmal wollen, da Sie den Vorteil auf Ihrer Seite haben, wenn Sie Initiative zeigen. Haben Sie keine Angst, denn Sie können nichts verlieren. Sie können nur gewinnen! Betrachten Sie es mal so: Wenn jemand sich nicht traut, auf Sie zuzugehen, verlieren Sie die potenzielle Möglichkeit, eine neue Freundschaft zu schließen. Nehmen Sie dieser Person jedoch den ersten Schritt ab, gewinnen Sie einen Menschen für sich. Wenn jemand kein Interesse hat, Sie kennenzulernen, haben Sie nichts verloren. Ganz im Gegenteil: Sie haben sich Gewissheit verschafft, die Sie sonst nicht gehabt hätten. Denken Sie immer daran, dass Sie viel gewinnen, aber nichts verlieren können, wenn Sie auf Ihre Mitmenschen zugehen.

Wenn Sie das in diesem Buch Gelesene konsequent in Ihrem Alltag anwenden, werden Sie es auch häufig erleben, dass Menschen von sich aus auf Sie zukommen. Seien Sie in solchen Fällen freundlich und aufgeschlossen. Selbstbewusstsein ist eine anziehende Eigenschaft, also wundern Sie sich nicht, weshalb man den Kontakt zu Ihnen sucht, sondern freuen Sie sich viel lieber darüber!

Machen Sie Sport und legen Sie Wert auf die Gesundheit und Vitalität Ihres Körpers. In erster Linie stärken Sie damit Ihr Selbstbewusstsein und Selbstwertgefühl und verbessern Ihre Lebensqualität. Aber auch im direkten Bezug zu Ihrer Wirkung auf andere ist Sport ein enorm wichtiger Faktor.

Die Rede ist hier nicht von ästhetischem Empfinden und dem Ziel, möglichst muskulös und beeindruckend auszusehen. Vielleicht finden manche Menschen Sie attraktiver, wenn Sie eine sportliche Figur haben, aber das ist eine reine Nebensache. Entscheidend ist, dass ein gesunder und trainierter Körper ein Statussymbol ist. Sie erlangen ihn nur durch Training, Disziplin, Leidenschaft und Willensstärke. Man kann sich ein sportliches Erscheinungsbild nicht kaufen oder stehlen. Es gibt keine Abkürzungen dorthin. Wenn Sie regelmäßig Sport machen, sehen Ihre Mitmenschen Ihnen auf den ersten Blick an, dass Sie ein disziplinierter und willensstarker Mensch sind, was zweifelsohne beeindruckende Eigenschaften sind, die nicht jeder vorzuweisen hat. Beim Geheimnis der Anziehung geht es häufig darum, Eigenschaften und Taten für sich sprechen zu lassen, sodass Sie kein Wort sagen müssen, um eine Wirkung zu erzielen. Ein sportlicher Körper kann genau das für Sie tun.

Vorhin im Buch ging es darum, dass Ihr Lächeln der Schlüssel zu Ihren Mitmenschen ist. Es wirkt einladend und vermittelt ein Gefühl von Leichtigkeit. Jemand, der lächelnd und voller Zuversicht durch das Leben geht, macht den Eindruck, als könne ihn nichts erschüttern und das ist es, was Ihre Mitmenschen an Ihnen bewundern werden. Wenn Sie ein stärkeres Selbstvertrauen entwickeln, machen Sie sich automatisch über weniger Dinge in Ihrem Leben Sorgen und freuen sich auf Herausforderungen, weil Sie verstehen, dass Sie mit ihnen wachsen. Es entsteht eine Leichtigkeit in Ihrem Alltag, die sich auch auf andere überträgt. Gerade in unserer modernen Gesellschaft, in der sich alles immer schneller und stressiger entwickelt, ist es für die meisten Menschen schwierig, locker zu sein und ihre Zeit zu genießen. Umso beeindruckender wirken Sie, wenn Sie sich von all dem nicht aus der Ruhe bringen lassen und immer einen Grund zum Lächeln finden. Zusätzlich sei gesagt, dass es keinen attraktiveren Gesichtsausdruck als Ihr Lächeln gibt. Niemand interessiert sich für Sie, wenn Sie ein grimmiges Gesicht machen und schlechte Laune verbreiten. Ihr Lächeln jedoch macht Sie interessant und erstrebenswert. Die Menschen um Sie herum werden herausfinden wollen, was das Geheimnis Ihrer Unbeschwertheit ist und deswegen den Kontakt zu Ihnen suchen. Weiterhin fühlen Sie sich schlicht und einfach von Ihrer Attraktivität angezogen. Es liegt in unserer Natur, gutaussehende Menschen zu mögen. Wenn Ihr Lächeln Sie also am besten aussehen lässt, sollten Sie nicht damit geizen.

Vor allem dann, wenn Sie jemanden zum ersten Mal treffen und kennenlernen, sollten Sie viel lächeln. Wie zuvor im Buch bereits erklärt, ist Ihr Aussehen nicht der ausschlaggebende, sondern ein verstärkender positiver Faktor, der Ihnen dabei hilft, das Interesse und die Sympathie Ihrer Mitmenschen zu gewinnen. Gutes Aussehen ist eine rein subjektive Empfindung und deswegen möchte ich Ihnen keine Stilberatung geben. Genauso möchte ich Ihre Körperhygiene nicht in Frage stellen. Es ist lediglich wichtig, sich der Tatsache bewusst zu sein, dass Ihr äußerliches Erscheinungsbild viel über Sie aussagt!

Sich zu pflegen und sein Erscheinungsbild möglichst makellos zu halten, ist ein Akt der Selbstliebe. Damit zeigen Sie sich und auch anderen Menschen, dass Sie es sich wert sind, sich zu pflegen und Wert auf Ihre Erscheinung zu legen. Dafür ist kein Make-Up oder teure Markenkleidung nötig. Es ist nicht so, dass Ihre Mitmenschen Sie genau unter die Lupe nehmen und gewisse Stellen kontrollieren. Viel eher kommt es vor, dass es jemandem auffällt, wenn Sie etwas Bestimmtes vernachlässigen. Wenn Ihre Haare zerzaust sind, sieht man es Ihnen zum Beispiel an, dass Sie morgens in Eile waren und vielleicht keine Zeit zum Duschen mehr hatten. Das ist nicht zwingend abstoßend, aber eben auch nicht anziehend. Weiterhin empfinden viele Menschen lange oder rissige Fingernägel als unangenehm. Als Mann sollten Sie darauf achten, dass Sie Ihren Bart pflegen und ihn nicht wild stehen lassen, so wie Frauen gerne darauf achten, ihre Augenbrauen schlank und filigran zu halten. Vielleicht wirkt das Ganze sehr oberflächlich auf Sie und wenn ja, dann ist das vollkommen in Ordnung. Von einem gesellschaftlichen Standpunkt aus gesehen, ist es jedoch empfehlenswert, sich gewissen Konventionen anzupassen. Ihre Mitmenschen lernen zwar, Sie so zu mögen, wie Sie sind, aber um ihr Interesse zu wecken, müssen Sie zuerst einmal dafür sorgen, dass man Sie kennenlernen möchte. Erinnern Sie sich noch an das Beispiel mit der Maus und dem Köder? Es lässt sich auch hier wieder anwenden.

Auch bei Ihrer Kleidung gibt es Einiges zu beachten. Grundsätzlich sollten Sie nicht krampfhaft versuchen, anderen zu gefallen, sondern das tragen, was Ihnen persönlich gefällt. Je wohler Sie sich in Ihrer Kleidung fühlen, desto selbstbewusster und natürlicher wirken Sie! Achten Sie darauf, dass Ihre Kleidung Ihnen passt. Sitzen Ihre Kleider zu eng, bringen Sie nicht nur gewisse Stellen Ihres Körpers unvorteilhaft zur Geltung, sondern neigen vor allem dazu, ständig an sich zu zupfen und etwas zurechtzurücken. Mit diesem Verhalten drücken Sie Unwohlsein und Unsicherheit aus, worunter Ihre selbstbewusste Erscheinung leidet. Sind Ihre Kleidungsstücke dagegen zu groß, verschleiern sie Ihre Silhouette und Körperhaltung. Zum einen wirkt das auf Ihre Mitmenschen so, als hätten Sie etwas zu verstecken und zum anderen erweckt es den Eindruck, als hätten Sie eine schwache oder gebeugte Körperhaltung.

Der entscheidende Punkt ist, dass Sie kein Profi-Model sein müssen, keine teure Markenkleidung und auch kein Make-Up brauchen, um attraktiv, selbstbewusst, anziehend und begehrenswert zu wirken. Alles, was Sie brauchen, ist Ihr natürliches Lächeln, eine aufrechte und selbstbewusste Haltung, ein gepflegtes Erscheinungsbild und Kleidung, die Ihnen passt und in der Sie sich wohl fühlen. Mit diesen sehr simplen Mitteln sorgen Sie dafür, dass Ihre Mitmenschen Sie als attraktiv und anziehend empfinden. Ästhetische Wertvorstellungen sind nicht immer zwingend mit Oberflächlichkeit verbunden, sondern etwas vollkommen Natürliches. Machen Sie sich diese Tatsache zu Nutze und stärken Sie damit gleichzeitig Ihr Selbstwertgefühl.

Ihr Selbstbewusstsein, Selbstvertrauen und Selbstwertgefühl sind nicht nur die Schlüsselelemente Ihrer persönlichen Entwicklung, sondern auch die tragenden Säulen Ihrer Wirkung auf andere Menschen. Bevor Sie irgendjemanden von sich überzeugen können, müssen Sie erst einmal von sich selbst überzeugt sein. Nur, wenn Sie sich Ihrer selbst vollkommen bewusst sind, haben andere Menschen die Chance, Sie so kennenzulernen, wie Sie sind. Nur, wenn Sie sich vollkommen vertrauen, können Sie auch das Vertrauen Ihrer Mitmenschen gewinnen und nur, wenn Sie wahre Wertschätzung für sich und alle Bestandteile Ihrer Persönlichkeit empfinden, können auch andere Wertschätzung für Sie empfinden. Das Geheimnis der Anziehung beginnt bei Ihnen und es liegt in Ihrer Verantwortung, etwas daraus zu machen.

So, wie Sie einem Menschen ansehen können, ob er selbstbewusst ist oder nicht, kann diese Person auch dieselben Schlüsse über Sie ziehen. Häufig reflektieren wir unser Inneres nach außen. Wenn Ihnen etwas Negatives widerfährt, kann man Ihrem Gesicht und Ihrer Haltung entnehmen, dass Sie entweder traurig oder wütend sind. Wenn Sie glücklich sind, erkennt man das an Ihrer Leichtfüßigkeit, Ihrem Lächeln und Ihrer guten Laune. Genauso kann man an Ihrer Körperhaltung und Ihrem Erscheinungsbild erkennen, ob Sie selbstbewusst sind oder nicht. Als selbstbewusster Mensch stechen Sie aus der Masse heraus und wecken das Interesse anderer. Sie erwecken in anderen Menschen das Bedürfnis, herauszufinden, was so besonders an Ihnen ist, dass Sie so unbeschwert, attraktiv, selbstsicher und zufrieden sind. Geben Sie ihnen die Chance, es herauszufinden und Sie werden innerhalb kurzer Zeit zahlreiche wertvolle Freundschaften schließen.

Mit welchen Eigenschaften Sie wirklich jeden beeindrucken

Theoretisch sind wir alle dazu in der Lage, glücklich, zufrieden, selbstbewusst und sorglos zu sein. In der Praxis sieht das jedoch anders aus. Es gibt weniger zufriedene als unzufriedene Menschen. Es gibt weniger erfolgreiche als erfolglose Menschen und es gibt nur wenige Menschen, die ihren Traum leben und viele, die ihr ganzes Leben lang träumen. Die Ursachen dafür sind vielfältig und wenn ich versuchen würde, dem Ganzen auf den Grund zu gehen, würde dabei vermutlich ein komplettes Buch entstehen, das noch mehr Fragen aufwerfen als beantworten würde. Anstatt sich also den Kopf über die Ursachen zu zerbrechen, können Sie die Tatsachen auch ganz einfach akzeptieren und das Beste aus ihnen machen!

Alles im Leben bekommt einen besonderen Wert, wenn es selten ist. Seltene Rohstoffe sind zum Beispiel viel teurer als häufig vorkommende, auch wenn sie weniger nützlich sind. Genauso haben seltene Fahrzeuge einen hohen Wert, auch wenn sie nicht besonders gutaussehend sind oder langsamer und unpraktischer als andere Fahrzeuge aus Massenproduktionen. Antiquitäten beziehen ihren Wert häufig einzig und allein aus der Tatsache, dass sie einzigartig sind und sonst nirgendwo sonst mehr aufgefunden werden können. Und auch wenn die Kartoffel ein sehr schmackhaftes, vielfältiges und nützliches Gemüse ist, ist sie weitaus weniger wert als ein Faden Safran, denn Safran ist wesentlich seltener. Wie Sie sehen, bringt Seltenheit einen gewissen Wert mit sich. Ob das von einem logischen Standpunkt aus gerechtfertigt ist, ist ein anderes Thema. Fest steht jedoch, dass Menschen extravagante Dinge mehr begehren als jene, die für jeden zu haben sind. Das ist einer der Hauptgründe dafür, warum einzigartige und besondere Menschen so beliebt sind und eine so hohe Anziehung ausüben!

Es gibt einzigartige Merkmale an Menschen, die nicht erlernt werden können. Dazu gehören zum Beispiel besonders gutes Aussehen, ein gewinnendes und einnehmendes Lächeln, ein starker und athletischer Körperbau oder Hochintelligenz. Jeder Mensch hat etwas Einzigartiges und Sie sollten dieses Einzigartige an sich finden, wertschätzen und mithilfe Ihres Selbstbewusstseins nach außen zeigen. Dieses außergewöhnliche Merkmal ist jedoch nicht die einzige Seltenheit, mit der Sie das Interesse Ihrer Mitmenschen wecken können. Es gibt gewisse menschliche Eigenschaften, zu denen zwar jeder in der Lage ist, die jedoch nur Wenige konsequent in ihrem Leben zum Ausdruck bringen. Diese Wenigen sind die Menschen, die am meisten beachtet, bewundert und begehrt werden. Um welche Eigenschaften es sich konkret handelt, werden wir uns in diesem Kapitel genauer ansehen.

Seitdem es Menschen gibt, gibt es auch Heldengeschichten. Sie waren schon immer beliebt und werden es vermutlich auch immer bleiben. In jedem guten Buch, Film,

Theaterstück oder in jeder guten Erzählung gibt es mindestens einen Helden, mit dem man mitfiebert und für den man sich Glück und Erfolg wünscht. Doch was ist die zentrale Eigenschaft, die einen Helden auszeichnet? Von welcher Eigenschaft erzählen die beliebtesten Geschichten, die wir kennen? Vom Mut! Am meisten faszinieren uns die Menschen, die ihren Ängsten ins Auge blicken, sich den größten Herausforderungen stellen, schier unüberwindbare Hürden hinter sich lassen und über sich herauswachsen. Mut ist eine höchst beeindruckende Eigenschaft, mit der auch Sie die Aufmerksamkeit und Bewunderung Ihrer Mitmenschen auf sich ziehen können. Ich möchte ganz klar betonen, dass Sie keine weltbewegenden Abenteuer erleben müssen, um sich durch Ihren Mut auszuzeichnen. Mutig zu sein, beginnt bereits in einem sehr kleinen Rahmen und erzielt schon dort eine große Wirkung!

Die meisten Menschen haben Ängste, die ihnen im Alltag im Weg stehen. In meinem Buch „Garantiert unglücklich" gehe ich intensiv darauf ein, wie schwer das Leben sein kann, wenn man sich auch den kleinsten Ängsten nicht stellt und dadurch beginnt, seinen Alltag seiner Furcht anzupassen. In dem Moment, in dem Sie sich dazu entscheiden, dass Ihre Ängste keinen Einfluss auf Ihr Leben haben dürfen, beweisen Sie Mut. Und es ist dieser Moment, in dem Sie etwas Seltenes, also Begehrenswertes tun. Legen Sie das Buch für einen Moment beiseite und machen Sie sich Gedanken darüber, wovon Sie sich durch Ihre Ängste abhalten lassen. Lassen Sie mich Ihnen ein paar kleine Anregungen geben: Viele Menschen machen keinen Urlaub, da sich vor Flugzeugen, Zügen oder Autobahnreisen fürchten. Sie lernen keine neuen Leute kennen, weil sie sich nicht trauen, mit anderen ins Gespräch zu kommen. Sie haben beruflich oder geschäftlich selten oder gar keinen Erfolg, weil sie sich nicht trauen, finanzielle Risiken einzugehen. Sie lassen sich von anderen Menschen ausnutzen und unterdrücken, weil sie sich nicht trauen, ihre eigene Meinung zu vertreten und deutlich zum Ausdruck zu bringen. Sie erleben selten etwas Aufregendes und haben selten Spaß, da sie sich nicht trauen, ihre Komfortzone zu verlassen. Sie sehen, worauf ich hinausmöchte. Jede noch so kleine Angst ist ein einschränkender Faktor des alltäglichen Lebens. Indem Sie sich von Ihren Ängsten befreien, beweisen Sie Mut.

Im Klartext heißt das: Machen Sie das, worauf Sie Lust haben und lassen Sie sich durch nichts davon abhalten. Man kann viel über das Leben sagen und man kann es aus den verschiedensten Blickwinkeln betrachten, aber Eines ist gewiss: Das Leben ist kurz. Lassen Sie sich deswegen von nichts aufhalten und machen Sie das Beste aus Ihrer Zeit. Weil die meisten Menschen sich von Ihren Ängsten aufhalten lassen, werden sie es Ihnen sofort anmerken, wenn Sie das nicht tun.

Bestimmt haben Sie schon einmal einen Menschen kennengelernt, der immer das tut, wonach ihm gerade der Sinn steht und der dabei sehr erfolgreich ist. Jemand, der viel reist, erfolgreich im Berufsleben ist, gerne Risiken eingeht, ein florierendes Sozialleben hat und manchmal auch etwas Verrücktes macht, wie zum Beispiel einen Fallschirmsprung oder das Erklimmen eines Bergs. Sollten Sie einem solchen Menschen nicht persönlich begegnet sein, kennen Sie bestimmt so jemanden aus der Medienlandschaft. Wieso sollten Sie nicht auch so ein beeindruckender Mensch sein? Was hält Sie eigentlich davon ab?

Vergessen Sie nicht, dass ein gesundes Selbstbewusstsein zu Selbstvertrauen führt. Je größer Ihr Vertrauen in sich selbst ist, desto mehr Mut werden Sie im Alltag beweisen. Je öfter Sie Ihren Mut unter Beweis stellen, desto stärker wird Ihr Selbstvertrauen werden und umso kleiner werden Ihnen sämtliche Hürden des Lebens vorkommen. Ängste sind nichts anderes als Gedanken an etwas, das noch nicht passiert ist. Machen Sie sich keine Gedanken über das Hypothetische und genießen Sie die Realität.

Wenn Sie Ihr Leben nach Ihren Wunschvorstellungen leben und sich nicht durch Ihre Ängste einschränken lassen, beweisen Sie nicht nur Mut. Sie tun etwas, das nur sehr wenige Menschen tun und werden somit automatisch zu einer exklusiven Persönlichkeit. Sie sichern sich die Aufmerksamkeit, Wertschätzung und Bewunderung Ihrer Mitmenschen. Wenn jeder Mensch mutig durch das Leben geben würde, gäbe es dieses Buch nicht. Dann wäre das Geheimnis der Anziehung nichts Besonderes. Seien Sie ein exklusiver und besonderer Mensch. Tun Sie das, was nur die Wenigsten tun und genießen Sie Ihr Dasein. Lassen Sie

Ihren Mut mit jeder überwundenen Hürde wachsen und freuen Sie sich stets auf die nächste Herausforderung.

Mut ist nicht die einzige anziehende Eigenschaft. Es gibt noch etwas, das für alle Menschen machbar ist, aber nur von Wenigen erreicht wird und deshalb große Bewunderung erlebt: Erfolg!

Der Erfolg hat viele Gesichter und leider wird er häufig missverstanden. Die meisten Menschen denken dabei nur an finanziellen Reichtum und materiellen Besitz. Dabei ist Erfolg nichts anderes als das Erreichen der Ziele, die man sich setzt. Wenn es Ihr Ziel ist, viel Geld zu verdienen, dann sind sie durch finanziellen Wohlstand erfolgreich. Sollte es jedoch Ihr Ziel sein, in einer bestimmten Sportart herausragend zu werden und Rekorde zu brechen, dann können Sie erfolgreich sein, ohne auch nur einen einzigen Euro zu besitzen. Erfolgreich sind Sie dann, wenn Sie Ihre Ziele konsequent verfolgen, bis Sie sie erreichen.

Jeder Mensch hat seine ganz eigenen Ziele und Vorstellungen vom Erfolg. Eines ist jedoch immer gleich: Wer erfolgreich sein will, muss sich an gewisse Voraussetzungen halten. Erfolg verlangt Tatkraft, Fleiß, Disziplin, Ehrgeiz, Zielstrebigkeit und Leidenschaft. Erinnern Sie sich daran, wie ich im vorherigen Kapitel sagte, ein athletischer Körper sei ein Statussymbol, da er ein missverständliches Zeichen für Disziplin und Willensstärke ist? Beim Erfolg ist das nicht anders. Man kann Erfolg nicht stehlen oder gewinnen. Man kann ihn sich nur erarbeiten. Deswegen sind erfolgreiche Menschen so anziehend und beeindruckend. Man sieht ihnen auf den ersten Blick an, wie tatkräftig, diszipliniert und zielstrebig sie sind.

Viele Menschen würden gerne erfolgreich sein, aber nur die wenigsten von ihnen sind bereit dazu, den entsprechenden Preis zu zahlen. Deshalb sind Sie als erfolgreicher Mensch außergewöhnlich und begehrenswert. Es ist egal, was Sie machen. Solange Sie es mit Hingabe tun und erfolgreich dabei sind, beeindrucken Sie Ihre Mitmenschen damit. Hierfür würde ich Ihnen gerne ein Beispiel aus meinem eigenen Leben geben:

Das Schreiben ist nicht mein Hauptberuf, sondern eine Leidenschaft, der ich nachgehe, wann immer ich Zeit dafür habe. Sie können dieses Buch innerhalb von ein paar Stunden durchlesen, aber seine Entstehung hat deutlich mehr Zeit in Anspruch genommen. Sie wissen das automatisch, sobald Sie dieses Buch zum ersten Mal in die Hand nehmen. Ich schreibe nicht, um andere zu beeindrucken, sondern weil es mir Freude macht und weil ich es für richtig halte. Dennoch ist ausnahmslos jeder Mensch, mit dem ich mich über meinen Blog oder meine Bücher unterhalte, beeindruckt davon, wie viel Arbeit, Disziplin, Tatkraft und Hingabe in diese Projekte fließen. Die wöchentlichen Blogartikel, die zahlreichen Lesermails und meine Bücher, die teilweise den Bestseller-Status erreicht haben, sind nichts, was innerhalb weniger Tage entstanden ist. All das ist nichts, das ich hätte stehlen oder durch Glück gewinnen können, sondern wurde von Grund auf aufgebaut und wird konsequent weitergeführt. Der Hintergrund all dessen war es noch nie, andere Menschen zu beeindrucken und dennoch erfahre ich täglich Wertschätzung dafür. Das sage ich Ihnen übrigens nicht, um zu prahlen oder mich in ein gutes Licht zu rücken. Ich möchte Ihnen anschaulich verdeutlichen, dass Sie dann wirklich erfolgreich sind, wenn Sie konsequent das verfolgen, was Sie erstrebens- und begehrenswert finden. Ein sehr positiver Nebeneffekt ist, dass Sie dafür Bewunderung und Wertschätzung durch Ihre Mitmenschen erfahren.

Wir bewundern Menschen, die ein Instrument beherrschen. In erster Linie ist es nicht die Musik, die uns so fasziniert, sondern die unmissverständliche Tatsache, dass jemand Fleiß, Ehrgeiz und Leidenschaft investiert hat, um diese Fertigkeit zu erlernen. Die Kunst, ein Instrument zu spielen, eignet man sich nicht innerhalb weniger Stunden an und unterbewusst ist uns das klar. Wir empfinden Wertschätzung für die Hingabe und das Durchhaltevermögen, das hinter dieser Kunst steht.

Auch finanziell wohlhabende Menschen ernten viel Bewunderung für den Wohlstand, den sie sich erarbeitet haben. Die meisten Menschen sehnen sich nach viel Geld, denn in der Welt, in der wir leben, kann man sich damit beinahe alles kaufen. Geld macht das Leben leichter. Es gibt Menschen in Deutschland, die 40 Stunden pro Woche arbeiten und dabei 1500 Euro im Monat verdienen. Gleichzeitig gibt es Menschen (auch in Deutschland), die 40 Stunden pro Woche arbeiten und mehr als 100.000 Euro pro Monat verdienen. Was wir an ihnen bewundern, ist nicht unbedingt die Größe der Summe. Viel eher ist es die Tatsache, dass sie eine Möglichkeit gefunden haben, mit vergleichsweise wenig Aufwand sehr viel Geld zu erwirtschaften. Jeder weiß, wie schwierig es ist, Geld zu verdienen und deshalb empfinden wir großen Respekt für sogenannte „Selfmade" Menschen, die keine Mühen scheuen, niemals aufgeben und sich Möglichkeiten erarbeiten, die die Meisten für unmöglich halten.

Erfolg ist eine höchst anziehende Eigenschaft. Egal, was Erfolg für Sie persönlich bedeutet: Streben Sie nach Ihren Zielen! In erster Linie bereichert Erfolg Ihr Leben. In Bezug auf das Geheimnis der Anziehung sorgt er dafür, dass Ihre Mitmenschen Sie bewundern und so sein wollen wie Sie. Diese Beliebtheit wird Ihr Selbstwertgefühl und Ihr Selbstvertrauen nachhaltig stärken, was Ihnen wiederum die Fähigkeit verleiht, noch erfolgreicher zu werden. Die positiven Dinge des Lebens stehen oft in einem direkten oder indirekten Zusammenhang zueinander und verstärken sich gegenseitig. Diesen Effekt können Sie häufig in den Zusammenfassungen der Kapitel dieses Buches erkennen. Beim Geheimnis der Anziehung kommen zahlreiche Faktoren zusammen, die sich gegenseitig unterstützen. Bringen Sie das Eine ins Rollen, läuft es auch beim Anderen leichter.

Denken Sie immer daran, dass Außergewöhnliches erstrebens- und bewundernswert ist. Seien Sie nicht wie alle anderen und beweisen Sie Mut im Alltag. Leben Sie Ihr Leben nach Ihren eigenen Vorstellungen und lassen Sie nicht zu, dass Ihre Ängste Ihnen im Weg stehen. Tun Sie das, was nur wenige Menschen tun und seien Sie dadurch ein gutes Vorbild. Seien Sie unabhängig und ziehen Sie Ihr eigenes Ding durch. Auf diese Weise werden Sie andere auf sich aufmerksam machen und neue Freundschaften schließen.

Machen Sie sich die Tatsache zu Nutze, dass die meisten Menschen vom Erfolg träumen, aber nicht bereit sind, das zu tun, was dafür nötig ist. Beschäftigen Sie sich mit den Dingen, die Sie lieben und machen Sie das Beste daraus. Man kann in allem erfolgreich sein! Der Erfolg wird Sie nicht nur erfüllter leben lassen, sondern auch Ihre Anziehung auf Ihre Mitmenschen verstärken. Erfolg ist ein unmissverständliches Statement. Indem Sie erfolgreich sind, teilen Sie dem Rest der Welt automatisch mit, dass Sie fleißig, ehrgeizig, zielstrebig und konsequent sind. Versuchen Sie niemals, anderen zu gefallen, sondern tun Sie stets das, was Sie für richtig halten. Beim Erfolg geht es in erster Linie immer darum, dass Sie Ihre eigenen Ziele erreichen und sich selbst verwirklichen. Sie werden niemals wahren Erfolg erleben, wenn Sie krampfhaft versuchen, andere zu beeindrucken. Erst, wenn Sie sich selbst beeindrucken und wirklich über sich hinauswachsen, werden Sie wahre Wertschätzung und Begeisterung durch Ihre Mitmenschen erfahren.

Wie Sie unerschütterlich werden

Wenn Sie sich vor etwas fürchten, dann wünschen Sie sich, dass jemand zu Ihnen kommt, Sie beruhigt und Ihnen sagt, dass alles gut werden wird. Sie würden sich nicht wünschen, dass Ihnen jemand mitteilt, Ihre Angst sei vollkommen begründet und dass Ihre schlimmsten Erwartungen eintreten werden. Genauso möchten Sie in einer Streitsituation, dass jemand den Streit schlichtet und nicht, dass jemand kommt, um die Gemüter weiter zu erhitzen. Wenn Sie ungeduldig auf etwas warten, dann ist es Ihnen keine Hilfe, wenn sich jemand Ihrer Ungeduld anschließt und Sie nervös macht. Stattdessen freuen Sie sich darüber, wenn jemand Ihnen sagt, dass Vorfreude die schönste Freude ist und dass das, worauf Sie warten, das Warten wert ist. Und wenn Ihnen etwas Negatives im Alltag widerfährt und Sie aufgebracht sind, dann sehnen Sie sich nach jemandem, der Sie beruhigt und Ihnen dabei hilft, die positive Seite der Medaille zu sehen. Was Sie in so einem Moment überhaupt nicht gebrauchen können, ist jemand, der Ihre schlechte Stimmung adaptiert und Sie noch weiter herunterzieht.

Wenn wir vor Problemen stehen, dann wollen wir entweder alleine damit klarkommen oder wir wünschen uns, dass uns jemand dabei hilft, sie zu bewältigen. Was wir überhaupt jedoch überhaupt nicht gebrauchen können, ist jemand, der Schwierigkeiten überstrapaziert, da er selbst nicht damit umgehen kann. Wir Menschen fühlen uns dort am wohlsten, wo es die wenigsten Probleme gibt. Wenn Sie also eine Person sind, die nicht nur wenige Probleme verursacht, sondern auch hervorragend mit Schwierigkeiten umgehen kann, wirken Sie automatisch anziehend auf Ihre Mitmenschen.

Im Rahmen der Recherchen zu diesem Buch habe ich eine Umfrage auf meinem Blog gestartet. Die Frage war: „Welcher Mensch fasziniert dich am meisten und warum?" Ich habe mehr als 200 Antworten auf diese Frage erhalten und war der festen Überzeugung, dass die meisten Leser/innen sagen würden, sie würden jemanden für sein Selbstbewusstsein bewundern, doch ich hatte mich geirrt. Das Selbstbewusstsein und die damit verbundene Ausstrahlung standen nur an zweiter Stelle. Die faszinierendste Eigenschaft war eine andere. Die meisten meiner Leser/innen bewunderten ihre liebsten Mitmenschen für ihre Gelassenheit und die Fähigkeit, auch in den schwierigsten Situationen einen kühlen Kopf zu bewahren und das Leben von seiner positiven Seite zu sehen. Sie schrieben mir, dass sie sich dadurch sicher fühlten und das Gefühl bekämen, das Leben sei schön, auch wenn es manchmal schwierig sein könne.

Wenn Sie lernen, schwierigen Situationen besonnen entgegenzusehen und somit den Widrigkeiten des Lebens den Wind aus den Segeln zu nehmen, erhöhen Sie nicht nur Ihre eigene Lebensqualität. Sie werden durch diese Fähigkeit zum sicheren Hafen für Ihre Mitmenschen und zu einem unentbehrlichen Vorbild.

Gelassenheit, Optimismus, Zuversicht, Geduld und die Fähigkeit, Rückschläge als Chancen anzuerkennen, sind nicht nur Garantien für Ihr persönliches Glück, sondern auch wichtige Schlüsselelemente des Geheimnisses der Anziehung. In diesem Kapitel werden wir uns damit beschäftigen, wie Sie diese Fähigkeiten leicht adaptieren können, um Ihre Anziehung auf Ihre Mitmenschen zu verstärken.

Wie so oft im Leben ist es hilfreich, sich ein paar logische und grundlegende Gedanken zu machen, um ein besseres Verständnis für eine bestimmte Sache zu entwickeln. Wenn Sie gelassener sein wollen, müssen Sie sich logischerweise weniger aufregen und sich weniger Sorgen machen. Doch wie geht das? Zu allererst müssen Sie erkennen, dass Aufregung und Sorgen Ihnen nichts bringen. Wenn Sie sich zum Beispiel über jemanden ärgern, kann nichts Gutes daraus resultieren. Sie können einen Streit beginnen, aber wie Sie bereits im ersten Teil des Buches erfahren haben, kann ein solcher nicht gewonnen werden und er führt in der Regel auch nicht zu einem zufriedenstellenden Ergebnis. Es ist immer erstrebenswert, einen Streit zu vermeiden und stattdessen eine produktive Lösung zu suchen oder einen Kompromiss zu schließen. Wenn Sie einen Streit vermeiden und Ihren Ärger stattdessen herunterschlucken, schaden Sie sich selbst und führen keine Verbesserung des ursprünglichen Problems herbei. Zusätzlich verderben Sie noch höchstwahrscheinlich sich und anderen den Tag, da die Wut Ihre Laune trübt. Das einzige, das wirklich gegen Ihren Ärger hilft, ist die Erkenntnis, dass er zwecklos ist. Wenn Sie sich über etwas ärgern, blockieren Sie Ihre Gedanken, schaden Ihrer Gesundheit und gefährden die sozialen Bindungen zu Ihren Mitmenschen. Mit ein wenig Gelassenheit erkennen Sie jedoch, dass sich ein Problem nur dann lösen lässt, wenn Sie etwas dagegen unternehmen. In manchen Fällen müssen Sie sogar gar nichts unternehmen, sondern einfach nur geduldig sein.

Wenn Sie einen wichtigen Brief erwarten und er Sie nicht am gewünschten Tag erreicht, dann ärgern Sie sich nicht darüber. Sie können nun ohnehin nichts mehr daran ändern. Seien Sie stattdessen geduldig und warten Sie darauf, dass er Sie am nächsten Tag erreicht. Ihre Wut kann seine Ankunft nicht beschleunigen.

Wenn Ihnen im Straßenverkehr jemand die Vorfahrt nimmt, dann bringt es Ihnen überhaupt nichts, sich darüber aufzuregen. Vermutlich nimmt Ihr Mitmensch überhaupt gar nicht wahr, dass er einen Fehler gemacht hat und während er niemals über diese Sache nachdenkt, ruinieren Sie sich Ihren Tag, indem Sie ihm diesen Fehler nicht verzeihen können. Genauso sollten Sie sich nicht darüber ärgern, wenn etwas Kostbares aufgrund einer Unachtsamkeit beschädigt wird. Sie können nichts am Lauf der Dinge ändern und die Zeit nicht zurückdrehen. Sie sollten Ihre Energie stets darauf konzentrieren, aus Ihren

Fehlern oder denen anderer Menschen zu lernen, um es in Zukunft besser machen zu können.

Die meisten Menschen sind es gewohnt, hektisch und vorschnell zu sein. Sie sind mit den Herausforderungen des alltäglichen Lebens überfordert und deshalb leicht reizbar. Wenn Sie die Schwierigkeiten des Alltags gelassen hinnehmen und akzeptieren, dass gewisse Dinge nicht zu ändern sind, strahlen Sie Ruhe und Sicherheit aus. Ihre Mitmenschen sehnen sich nach dieser Sicherheit, da sie selbst nicht dafür sorgen können. Seien Sie nicht einfach nur ein Ruhepol, sondern auch ein gutes Vorbild für andere und genießen Sie die Wertschätzung, die Sie dafür erfahren werden.

Genauso wie es unnötig ist, wütend zu sein oder sich über die Geschehnisse des Alltags aufzuregen, bringt es Ihnen nichts, sich Sorgen zu machen. Wenn Sie zum Beispiel eine hohe Rechnung zu begleichen haben, die Zahlung Ihnen aber schwerfällt, dann ist das selbstverständlich eine unangenehme Situation, aber kein Grund, besorgt zu sein und deshalb nachts nicht schlafen zu können. Stellen Sie sich immer wieder die Frage, ob Ihre Sorgen Ihnen weiterhelfen. Vermutlich werden Sie diese Frage niemals mit „Ja“ beantworten können. In schwierigen Situationen müssen Sie einen kühlen Kopf bewahren, um effizient an der Lösung des Problems arbeiten zu können. Wenn Sie stattdessen ängstlich und nervös sind, stehen Sie sich und der Lösung nur im Weg. Sorgen sind, genau wie Ängste, Gedanken über Dinge und Ereignisse, die noch nicht eingetroffen sind.

Wenn Sie Angst vor einem anstehenden Zahnarzttermin haben, verursachen Sie nur mehr Probleme, als Sie ohnehin schon haben. Kann Ihre Sorge irgendetwas daran ändern, dass Sie behandelt werden müssen? Oder macht sie die Behandlung vielleicht angenehmer? Natürlich nicht. Ganz im Gegenteil, Sie steigern nur Ihre Nervosität. Zusätzlich erschweren Sie sich die Zeit vor der Behandlung, da Ihre Angst verhindert, dass Sie klar denken können. Begreifen Sie, dass Sorgen eine schwierige Situation nur verschlimmern. Wenn Sie stattdessen ruhig bleiben, verstehen, dass Sorgen unangebracht und nicht hilfreich sind und Ihre Gedanken darauf konzentrieren, eine einfache Lösung herbeizuführen, erleichtern Sie nicht nur Ihr eigenes Leben, sondern sind Ihren Mitmenschen ein weiteres Mal ein gutes Vorbild.

Besonnenheit ist eine sehr anziehende und bewundernswerte Eigenschaft. Die Fähigkeit, auch in Problemsituationen logisch und lösungsorientiert denken zu können, ist ein unwiderlegbarer Beweis für Ihre Intelligenz. Intelligenz sorgt für Bewunderung und diese Bewunderung sorgt wiederum für Ihre Zufriedenheit.

Ihr Selbstbewusstsein ist der Schlüssel zu Ihrem Selbstvertrauen. Je besser Sie sich kennen und je besser Sie sich über Ihre Fähigkeiten bewusst sind, desto mehr können Sie sich vertrauen. Je mehr Sie sich vertrauen können, desto mehr Herausforderungen des Alltags stellen Sie sich entgegen. Mit jeder Hürde, die Sie nehmen, wachsen Ihr Selbstvertrauen und Ihr Erfahrungsschatz. Mit der Zeit lernen Sie nicht nur, dass Sie ein äußerst fähiger und mutiger Mensch sind, sondern vor allem auch, dass sich am Ende immer alles zum Guten wendet. Egal, wie schwierig eine Situation auch zu sein scheint: Man kann immer eine Lösung dafür finden. Je mehr Übung Sie darin bekommen, Lösungen zu erarbeiten, desto gelassener sehen Sie Problemstellungen entgegen. Diese Gelassenheit sollten Sie nicht als Arroganz verstehen, sondern viel eher als Optimismus und Zuversicht. Das Leben ist viel schöner und leichter, wenn man es von seinen guten Seiten betrachtet. Versuchen Sie einmal, sich vorzustellen, wie langweilig das Leben wäre, wenn es Sie niemals herausfordern würde!

Auf meinem Blog „Dein Fußabdruck" geht es häufig darum, einen Wechsel der Perspektive vorzunehmen. Das alleine reicht häufig aus, um eine Situation zum Besseren zu verändern! Manchmal machen Probleme einen besonders schwerwiegenden Eindruck, sind in Wirklichkeit aber nur Kleinigkeiten, denen man mit ein bisschen Zuversicht begegnen muss. Lassen Sie mich Ihnen ein kleines Beispiel geben:

Sie haben sich mit einem guten Freund zum Abendessen in Ihrem Lieblingsrestaurant verabredet und treffen zur vereinbarten Zeit dort ein. Ihr Freund ist noch nicht dort, also bestellen Sie sich ein Glas Wasser und warten. Nach etwa zehn Minuten werden Sie ungeduldig. Sie nehmen Ihr Telefon zur Hand und rufen ihn an, doch er nimmt nicht ab. Sie wundern sich darüber, warten jedoch weiterhin geduldig. Nach weiteren zehn Minuten versuchen Sie noch einmal, ihn

zu erreichen. Wieder erhalten Sie keine Antwort und werden deshalb wütend. Sie ärgern sich darüber, dass er nicht nur Ihre Verabredung vergessen hat, sondern auch noch dreist genug ist, Ihren Anruf nicht zu beantworten. Sie sind sich sicher, dass er bewusst nicht an das Telefon geht, da er sich dafür schämt, Sie versetzt zu haben. Vielleicht machen Sie sich aber auch Sorgen und werden nervös, da es ihm nicht ähnlich sieht, zu spät zu kommen oder nicht ans Telefon zu gehen, wenn Sie anrufen.
In Wirklichkeit ist es jedoch so, dass Ihr Freund eine Überraschung für Sie vorbereitet hat. Während der letzten Feinschliffe bei sich zu Hause merkt er, dass er spät dran ist, aber er muss das Geschenk noch fertigstellen. Sobald das geschehen ist, beeilt er sich aus dem Haus, um Sie nicht zu lange im Restaurant warten zu lassen. Vor lauter Hektik vergisst er sein Telefon zu Hause und kann deshalb nicht wissen, dass Sie ihn anrufen.

Dies ist nur eines von sehr vielen alltäglichen Missverständnissen, die uns regelmäßig widerfahren. Wie Sie sehen, ist nicht immer alles so, wie es auf den ersten Blick scheint. Das ist der Grund dafür, weshalb Sie immer besonnen, geduldig und zuversichtlich sein sollten.

Hektisch, unbeherrscht, ängstlich und wütend kann jeder sein. Das ist etwas vollkommen Herkömmliches. Gelassenheit, Geduld und Optimismus sind jedoch Eigenschaften, die intelligenten und vorausschauenden Menschen vorbehalten sind. Vergessen Sie nicht, dass Außergewöhnlichkeit und Seltenheit einen hohen

Stellenwert haben. Wie immer können Sie sich selbst aussuchen, was für ein Mensch Sie sein möchten und wie Ihre Mitmenschen Sie sehen.

Trotz aller guten Vorsätze läuft nicht immer alles so, wie geplant. Manchmal schlägt das Schicksal außerhalb Ihres Einflussbereichs zu und Sie finden sich plötzlich in einer unangenehmen Situation wieder. Es kann zum Beispiel vorkommen, dass Sie für einen großen Sportwettbewerb trainieren und kurz vor Ihrem großen Tag einen Unfall erleiden, der die Teilnahme unmöglich macht. Wenn Sie ein unternehmerisches Projekt leiten, können plötzlich unvorhergesehene Kosten auftreten, für die kein Budget mehr vorhanden ist. Manchmal gehen Sie ein finanzielles Risiko ein, um in etwas zu investieren und verlieren Ihr Geld dabei. All das sind schwere Rückschläge, die uns hin und wieder im Leben widerfahren. Es gibt zwei Möglichkeiten, damit umzugehen: Sie können sich über Ihr Unglück beschweren, Ihre Wunden lecken und die Ausrede erschaffen, Sie hätten alles versucht, würden aber immer nur scheitern. Andererseits können Sie zuerst einmal realisieren, was überhaupt passiert ist und warum es passiert ist. Daraufhin finden Sie heraus, wie Sie verhindern, dass es noch einmal passieren wird. Anschließend stehen Sie wieder auf, klopfen sich den Schmutz von den Schultern und machen weiter. Was glauben Sie, welche dieser beiden Optionen Ihnen im Leben mehr Erfolg bringen wird und Ihnen die Bewunderung Ihrer Mitmenschen sichert?

Wir haben nicht immer Einfluss auf das, was im Leben passiert, aber wir können uns immer aussuchen, wie wir damit umgehen. Jeder Rückschlag ist eine Chance. Wir werden dadurch stärker und erfahrener. Wir lernen, dass das Gute im Leben nicht selbstverständlich ist und entwickeln mehr Wertschätzung für das, was wir haben.

Wenn Sie etwas versuchen und dabei scheitern, bedeutet das nichts anderes, als dass Sie etwas richtig gemacht haben! Um höhere Ziele zu erreichen als andere, muss man auch höher springen. Wer springt, kann stürzen. Wer nicht springt, wird niemals wirklich erfolgreich sein. Risiken einzugehen und dabei Rückschlage zu erleiden, ist ein fester Bestandteil des Erfolges. Sie müssen Fehler machen und aus diesen Fehlern lernen, um in Zukunft etwas gut zu machen. Auf diese Weise sind Sie Ihren Mitmenschen ein gutes Vorbild und gewinnen ihre Bewunderung. Durchhaltevermögen und die Fähigkeit, auch nach tiefen Stürzen wieder aufzustehen, sind Kennzeichen von Willensstärke, Mut und wahrem Erfolg. All das sorgt nicht nur dafür, dass Sie ein erfüllteres Leben führen, sondern es macht Sie auch interessant und bewundernswert.

Denken Sie immer daran, wie angenehm es für Sie ist, einem Menschen zu begegnen, der Ruhe und Gelassenheit ausstrahlt. Denken Sie an die Sicherheit und Unerschütterlichkeit, die diese Person ausstrahlt. Sie können genauso anziehend und angenehm auf Ihre Mitmenschen wirken, indem Sie besonnen, geduldig, optimistisch und zuversichtlich sind. Lassen Sie sich durch nichts aus der

Ruhe bringen, denn in den meisten Fällen gibt es keinen Grund dazu. Erinnern Sie sich in schwierigen Zeiten immer wieder daran, dass es nicht hilfreich ist, wütend, ängstlich oder besorgt zu sein. Menschen meiden Probleme und Stresssituationen. Seien Sie deshalb jemand, der Schwierigkeiten nicht nur vermeidet, sondern sie auch mit seiner inneren Kraft eliminiert.

Wie Sie sich Tiefe verleihen

Um eine interessante Person zu sein, die eine starke Anziehung auf ihre Mitmenschen ausübt, müssen Sie außergewöhnlich sein. Außergewöhnlich im positiven Sinne. Die meisten Menschen leben ihren Alltag routiniert und nach einem festen Schema. Sie erledigen regelmäßig dieselben Aufgaben, gehen ständig denselben Freizeitaktivitäten nach, lassen ihre Meinung durch die Massenmedien bilden und verspüren nicht den Drang, sich im Leben weiterzuentwickeln. Alles, was sie tun, dient dem Zweck, den Status Quo aufrechtzuerhalten und in Ruhe zu weiter zu existieren. Prinzipiell ist das nichts Schlimmes, denn schließlich hat der Lauf der Zeit bewiesen, dass dieses Schema für viele Menschen gut funktioniert. Der große Nachteil daran ist jedoch, dass das Leben langweilig wird. Wer sich diesem System anpasst, folgt dem sogenannten „Mainstream" und verschwindet in der Masse seiner Mitmenschen.

Wenn Sie aus der Masse herausstechen wollen, müssen Sie außergewöhnlich sein. Bisher haben Sie in diesem Buch viele Möglichkeiten kennengelernt, die Ihnen genau das ermöglichen. Nicht so zu sein wie alle anderen, ist ein Schlüsselelement des Geheimnisses der Anziehung. Jeden Tag das Gleiche zu essen, wird irgendwann nicht nur langweilig, sondern unerträglich. Immer nur die gleichen Orte zu sehen, macht sie unglücklich und depressiv. Genauso ist es für Sie irgendwann uninteressant, in Kontakt zu Menschen zu stehen, die dem Mainstream folgen, sich nicht weiterentwickeln und nur an das glauben, was sie täglich tun. Seien Sie deshalb anders!

Es reicht nicht aus, sich anders zu verhalten. Es reicht nicht aus, anders auszusehen. Vor allem reicht es nicht aus, dieses Buch als eine Anleitung zu betrachten und genauso zu handeln, wie Sie es auf diesen Seiten beschrieben bekommen. Wenn Sie ein außergewöhnlicher Mensch sein wollen, müssen Sie eine außergewöhnliche Persönlichkeit entwickeln. Nicht nur, um eine stärkere Anziehung auf Ihre Mitmenschen auszuüben, sondern vor allem auch, um glücklicher und erfüllter zu leben. Doch wie stellen Sie das an? Wie entkommen Sie der Versuchung, das gemütliche Leben in der Komfortzone zu leben und dadurch in der Masse all Ihrer Mitmenschen zu verschwinden? Indem Sie sich Tiefe verleihen!

Durch emotionale und gedankliche Tiefe nehmen Sie das Leben nicht einfach so hin, wie es ist oder wie es zu sein scheint, sondern machen sich ernsthafte Gedanken über sich, Ihre Existenz, Ihre Umwelt und alle Menschen, die ein Teil dessen sind. Sie beginnen, das Leben aus verschiedenen Blickwinkeln zu betrachten und erkennen, dass nicht immer alles so ist, wie es auf den ersten Blick zu sein scheint. Diese neuen Sichtweisen ermöglichen es Ihnen, sich als Persönlichkeit weiterzuentwickeln und dadurch nicht nur eine höhere Lebensqualität zu erfahren, sondern auch zum Vorbild für Ihre Mitmenschen zu werden.

Beinahe alle Menschen empfinden emotionale Reife und gedankliche Tiefe als sehr attraktive, anziehende und erstrebenswerte Eigenschaften. Das liegt zum einen daran, dass diese Eigenschaften heutzutage selten und außergewöhnlich sind und zum anderen daran, dass sie Probleme lösen und das Leben erleichtern und verschönern. In diesem Kapitel werden wir uns damit beschäftigen, wie Sie damit beginnen können, sich ganz einfach mehr Tiefe zu verleihen. Das Thema ist so weitreichend, dass ich ein ganzes Buch darüber in Planung habe. Um den Rahmen dieses Kapitels nicht zu sprengen, werde ich Ihnen einen Überblick über das geben, was ich gerne „Die Grundsatz-Gedanken“ nenne.

Die „Grundsatz-Gedanken“ können bereits in ihrer einfachsten Form sehr Vieles in Ihrem Leben verändern, da sie viel von dem hinterfragen, was heutzutage als Standard gilt. Sie helfen Ihnen dabei, außerhalb aller Schubladen zu denken und das Leben so zu sehen, wie es ist, unabhängig von jeglichen Meinungen, Konventionen oder Wertvorstellungen. Auf dieser Grundlage können Sie dann Schwachstellen im alltäglichen und gesellschaftlichen Leben entdecken und diese anschließend in Ihrem eigenen Leben ausbessern. Die daraus resultierenden positiven Ergebnisse sind das, was Sie besonders und außergewöhnlich macht und letztendlich für eine stärkere Anziehung auf Ihre Mitmenschen sorgt. Um das Ganze zu konkretisieren, werde ich Ihnen drei der Grundsatzgedanken und einige ihrer positiven Wirkungen vorstellen:

1) Sie sind die Person, die Ihr Leben lebt und deswegen sollten Sie auch die einzige Person sein, die Verantwortung für Ihr Leben hat. Zu der uns angeborenen Freiheit gehört die Eigenverantwortung und diese besagt, dass wir für alles, was im Leben geschieht, selbst zuständig und verantwortlich sind. Leider verfolgen viele Menschen diese natürliche Regel nicht besonders konsequent. Sie wollen für all ihre Erfolge bewundert, belohnt und gelobt werden und leichte Entscheidungen, die zu ihren Gunsten ausfallen, stets alleine treffen. Wenn sie jedoch Fehler machen, übertragen sie die Schuld dafür auf andere und wenn sie vor schwierigen Herausforderungen oder Entscheidungen stehen, suchen sie nach Hilfe, da sie ihrer Verantwortung nicht gerecht werden wollen.

An dieser Einstellung sollten Sie sich kein Beispiel nehmen. Wer die Eigenverantwortung anerkennt, hat im ersten Moment das Gefühl, sich eine schwere Last aufgetragen zu haben, doch in Wirklichkeit stellt diese Entscheidung eine Erleichterung dar! Verantwortung ist Macht. Wenn Sie Ihren Mitmenschen die Schuld für negative Ereignisse in Ihrem Leben geben, geben Sie ihnen Macht. Sie geben Ihnen die Macht, Ihr Leben negativ zu beeinflussen und sind wehrlos dagegen. Wenn Sie sich jedoch dafür entscheiden, Ihre Macht selbst zu verwalten, schützen Sie sich davor, dass man Ihnen schaden kann und sorgen zusätzlich dafür, dass Ihre Mitmenschen Sie für Ihre Unabhängigkeit bewundern!

Bei der konsequenten Ausübung der Eigenverantwortung hat man manchmal auf den ersten Blick das Gefühl, dass man sich selbst ungerecht behandelt und in gewissen Fällen für Fehler geradesteht, die man nicht begangen hat. In Wirklichkeit ist das jedoch nicht so. Wenn zum Beispiel jemand Ihr Vertrauen missbraucht, indem er Sie belügt oder bestiehlt, dann sind Sie im ersten Moment dazu geneigt, dieser Person die Schuld an dem Vorfall zu geben. Tun Sie es nicht. Erkennen Sie, dass es Ihr Fehler war, dieser Person zu vertrauen. Auf diese Weise nehmen Sie der Person nicht nur die Macht, Schaden in Ihrem Leben anzurichten, sondern gestehen sich auch ehrlich eine negative Erfahrung ein, aus der Sie für die Zukunft etwas lernen können. Von diesem Moment an werden Sie zum einen weniger Macht über Ihr Leben an andere übertragen und zum anderen bessere Freundschaften führen, da Sie mehr Wert auf funktionierende Vertrauensverhältnisse legen.

Manchmal sind es nicht Ihre Mitmenschen, die Ihnen unerwartet schaden, sondern das Leben selbst. Zum Beispiel kann es passieren, dass nach einem Unwetter ein Baum in Ihr Haus stürzt und dabei einen immensen Schaden anrichtet. Auf den ersten Blick fällt es schwer, sich in dieser Angelegenheit eigenverantwortlich zu sehen und es ist auch mit Sicherheit nicht Ihre Schuld, wenn so etwas passiert. Allerdings sollten Sie bedenken, dass alles im Leben leichter wird, sobald Sie Ihre Verantwortung anerkennen und das Beste daraus machen. Nicht alles, was im Leben geschieht, liegt in Ihrem Einflussbereich, aber Sie haben immer die freie Wahl, wie Sie auf das, was geschieht, reagieren möchten. Das Leben ist unpersönlich und nicht in der Lage dazu, jemandem bewusst schaden zu wollen. Aus diesem

Grund wäre es unsinnig, das Schicksal für etwas zu beschuldigen und ihm somit Macht zu verleihen. In schwierigen Situationen müssen Lösungen und Verbesserungen geschaffen werden und es liegt in Ihrer Verantwortung, diese herbeizuführen. Von alleine wird sich nichts verbessern und das Schicksal kann auch nicht rückgängig machen, was zufällig geschehen ist. Je eher Sie sich dazu bereiterklären, die Verantwortung für das, was in Ihrem Leben geschieht, zu übernehmen, desto schneller werden sich Verbesserungen einstellen.

Wenn Sie stets die volle Verantwortung für sich und Ihr Leben übernehmen, werden Sie erfolgreichere und zufriedenstellendere Beziehungen zu Ihren Mitmenschen führen. Das liegt zum einen daran, dass Sie in weniger Konfliktsituationen geraten, da Sie keine Macht an andere übergeben und diese Ihnen somit nicht schaden können. Zum anderen legen Sie automatisch mehr Wert auf ein funktionierendes Vertrauensverhältnis, da Sie sich selbst verantwortlich dafür fühlen, herauszufinden, wen Sie an Ihrem Leben teilhaben lassen können und wen nicht. Erinnern Sie sich daran, dass Menschen sich dort am wohlsten fühlen, wo es die wenigsten Konflikte und Problemsituationen gibt. Ein eigenverantwortlicher Mensch streitet wenig und verursacht keine Probleme im Leben seiner Mitmenschen, da er mit dem erfolgreichen Management seines eigenen Lebens beschäftig ist. Sie entwickeln also automatisch eine stärkere Anziehung auf Ihre Mitmenschen, indem Sie sich mehr auf sich selbst konzentrieren!

Die Eigenverantwortung steht in einem engen Zusammenhang zu einem ausgeprägten Selbstbewusstsein und wie Sie mittlerweile wissen, zieht dieses Ihre Mitmenschen beinahe magisch an. Jeder Mensch kann es sich leichtmachen, indem er mit dem Finger auf andere zeigt und somit jeden, außer sich selbst, für seine Fehler verantwortlich macht. Es braucht jedoch Selbstbewusstsein, Charakterstärke und Intelligenz, um seine Eigenverantwortung anzuerkennen und die volle Macht und Kontrolle über sein eigenes Leben zu behalten. Auf diese Weise werden Sie außergewöhnlich und somit interessant.

2) Im ersten Teil des Buches haben wir uns damit beschäftigt, dass jeder Mensch das Bedürfnis hat, gerecht behandelt zu werden. Aber auch, wenn wir alle uns nach gerechter Handlung sehnen, ist nicht jeder dazu bereit, diese konsequent auszuüben. Wenn Sie Ihre Mitmenschen stets fair behandeln und somit ihre Gunst gewinnen wollen, sind ein paar grundsätzliche Gedanken über Gerechtigkeit und Gleichberechtigung eine große Langzeithilfe.

Es ist vermutlich nichts Neues für Sie, dass jeder Mensch das gleiche Recht auf ein glückliches und erfülltes Leben haben sollte. Doch hat jeder Mensch ein glückliches und erfülltes Leben? Gibt es in unserer Gesellschaft wirklich Gleichberechtigung und erhalten wir alle die gleichen Chancen? Offensichtlich nicht. Die meisten Menschen machen sich keine ausführlichen Gedanken darüber, da sie der Meinung sind, ohnehin nichts daran ändern zu können, doch das ist nicht wahr. Jedes noch so große Problem und jede noch so große Ungerechtigkeit hat irgendwann und irgendwo einen kleinen Ursprung. Deshalb ist es unsere Aufgabe, auch im kleinen Rahmen stets fair und gerecht zu handeln.

Stellen Sie sich einmal die folgende Situation vor: Sie kommen gerade aus dem Supermarkt und gehen über den Parkplatz zu Ihrem Auto. Unterwegs fällt Ihnen Ihr Portemonnaie aus der Tasche, was Sie erst einige Schritte später bemerken. Sie drehen sich um und blicken zurück, können Ihre Brieftasche aber nirgends entdecken. In unmittelbarer Nähe befinden sich zwei Menschen: Ein Obdachloser und ein junger Mann in einem Anzug. Wen würden Sie im ersten Moment eher dazu verdächtigen, Ihre Brieftasche an sich genommen zu haben? Und sollten Sie beide auf den Vorfall ansprechen und beide würden behaupten, nichts von Ihrer Brieftasche zu wissen, wem würden Sie dann eher glauben?

Ob wir es wollen oder nicht: Unser gesellschaftliches Leben erschafft Vorurteile, die unseren Gerechtigkeitssinn beeinflussen. Das macht uns nicht zu schlechten Menschen, aber wenn wir uns von diesen Vorurteilen leiten lassen, ohne sie zu hinterfragen, macht es uns zu willenlosen, nachlässigen und leider auch ungerechten Menschen. Seien Sie sich der Tatsache bewusst, dass jeder Mensch das Recht dazu hat, in erster Linie unvoreingenommen behandelt zu werden, bis Sie mehr über ihn erfahren haben. Für diese Fairness werden Sie große Dankbarkeit und Wertschätzung erleben.

Gerade deshalb, weil es in unserer Gesellschaft so viel Ungerechtigkeit gibt, werden Sie durch gerechtes Verhalten positiv auffallen. Seien Sie stets fair zu anderen. Geben Sie Ihren Mitmenschen immer die Chance, sich für ihre Fehler zu entschuldigen oder sich zu rechtfertigen. Lassen Sie nichts unausgesprochen. Hören Sie anderen zu und räumen Sie ihnen das Recht ein, das auszusprechen, was ihnen auf der Seele liegt. Versetzen Sie sich in schwierigen Situationen in die Rolle Ihres Gegenübers und versuchen Sie, sich vorzustellen, wie Sie in einem solchen Moment behandelt werden wollten.

Die Fähigkeit, ein gerechtes Verhalten gegenüber Ihren Mitmenschen an den Tag zu legen, ist ein unmissverständlicher Ausdruck für Ihre Intelligenz, Ihre Empathie und Ihren Gerechtigkeitssinn. Menschen, die wirklich etwas können, lassen ihre Taten für sich sprechen. Jene, die nur vortäuschen, etwas zu können, stellen Behauptungen auf. Überzeugungen Sie Ihre Mitmenschen, indem Sie Ihrer gedanklichen und emotionalen Tiefe entsprechend handeln und gewinnen Sie so ihre Gunst.

3) Je weiter wir Menschen uns entwickeln, desto mehr Antworten auf alle möglichen Fragen finden wir. Alleine in den letzten 100 Jahren wurden in der Physik, Wissenschaft und Medizin mehr bedeutende Erkenntnisse gewonnen als jemals zuvor. Doch eine Frage ist weiterhin ungeklärt: „Was ist der Sinn des Lebens?“

Meiner Meinung nach sollte sich jeder Mensch früher oder später mit dieser sehr wichtigen Frage beschäftigen, da sie uns dazu bringt, unser Leben zu hinterfragen, aus verschiedenen Blickwinkeln zu betrachten und weiterführende Gedanken zu entwickeln, die das beinhalten, was ich die „Grundsatz-Gedanken“ nenne. Zweifelsohne ist es ein Zeichen von Intelligenz und emotionaler Reife, sich grundsätzliche Gedanken über das Leben und den Grund unserer Existenz zu machen. An dem Ganzen gibt es jedoch zwei Haken, die für Unzufriedenheit sorgen und uns bei unserer Entwicklung im Weg stehen: Erstens werden Sie keine eindeutige Antwort auf diese Frage finden, denn sie würde unsere Existenz zwecklos machen. Wenn wir wüssten, weshalb wir leben, würden wir keinen Anreiz mehr haben, uns weiterzuentwickeln und genau das herauszufinden. Zweitens nehmen Ihre Mitmenschen Sie nicht wahr, wenn Sie bloß nachdenken und Ihren Gedanken keinen Ausdruck mithilfe von Taten verleihen. In Bezug auf das Geheimnis der Anziehung ist Ihnen das keine Hilfe. Was können Sie also stattdessen tun?

Ich persönlich habe mich damit abgefunden, dass ich die Frage nach dem Sinn des Lebens niemals eindeutig beantworten werde. Deshalb habe ich den Entschluss gefasst, das Leben als Geschenk zu betrachten und stets das Beste daraus zu machen. Diese Einstellung möchte ich gerne an Sie weitergeben, denn sie kann wahre Wunder in Ihrem Leben bewirken!

Unsere Lebenszeit ist begrenzt und wenn wir das Geschenk des Lebens dankbar annehmen wollen, dann müssen wir uns dieser Tatsache bewusst sein und unsere Zeit sinnvoll nutzen. Wenn Sie dieses Prinzip verinnerlichen, stellen Sie plötzlich fest, dass Sie keine Zeit dazu haben, sich über Nichtigkeiten aufzuregen oder sich mit fremden Menschen über unwichtige Dinge zu streiten. Sie werden das Bedürfnis haben, die Zeit mit den Menschen, die Sie mögen und lieben, positiv und produktiv zu verbringen. Dadurch werden Sie automatisch weniger streiten, weniger traurig sein und intensivere Beziehungen zu Ihren Mitmenschen pflegen. Sie entwickeln den Ehrgeiz, in der Ihnen verfügbaren Zeit der beste Mensch zu werden, der Sie sein können und erhalten somit eine unglaublich starke Motivation, die Ihnen dabei hilft, Ihre Ziele zu erreichen.

Durch all diese Erkenntnisse werden Sie ein positiverer, erfolgreicherer, bewundernswerterer und glücklicherer Mensch werden. Die Frage nach dem Sinn des Lebens ist ein Gedanke, der sich nicht in Taten ausdrücken lässt. Die Erkenntnis, dass es egal ist, welchen Sinn das Leben hat, solange Sie es in vollen Zügen genießen, lässt sich jedoch durch unzählig viele gute Taten ausdrücken.

Die drei in diesem Kapitel vorgestellten „Grundsatz-Gedanken" sind in erster Linie Gedanken, die in Ihnen persönlich stattfinden und an denen Ihre Mitmenschen nicht teilhaben können. Wenn Sie diese Prinzipien jedoch verinnerlichen, annehmen und praktizieren, werden Sie automatisch so handeln, dass Ihre Mitmenschen Sie als sympathisch, empathisch, verantwortungsbewusst, erfolgreich und natürlich anziehend empfinden werden. Wie schon mehrfach erwähnt, geht es beim Geheimnis der

Anziehung um Sie und die Entwicklung Ihrer Persönlichkeit. All das ermöglicht es Ihnen schließlich, so mit Ihren Mitmenschen umzugehen und entsprechend auf sie zu wirken, dass diese Sie als begehrenswert und unverzichtbar empfinden werden. Seien Sie außergewöhnlich, indem Sie außergewöhnlich denken. Tun Sie nicht immer nur das, was alle anderen tun, denn das wird schnell langweilig. Verleihen Sie sich Tiefe und geben Sie anderen Menschen somit einen Anreiz, mehr über Sie zu erfahren.

Haben Sie Spaß, machen Sie Spaß

Das Leben kann oft sehr ernst und unangenehm sein. Wir müssen teilweise hart arbeiten, um unser Überleben zu sichern, haben zahlreiche Aufgaben und Verpflichtungen, die wir nicht vernachlässigen dürfen und begegnen überall Negativität. Jedes Mal, wenn Sie eine Zeitung aufschlagen, die Fernseh-Nachrichten einschalten oder online ein Nachrichten-Portal besuchen, werden Sie von Schreckensmeldungen und negativen Ereignissen geradezu überschwemmt. Es ist manchmal nicht einfach, positiv zu bleiben und das Leben von seiner guten Seite zu sehen. Doch was haben Sie eigentlich davon, wenn Sie sich von all dem herunterziehen lassen und sich mit noch mehr Sorgen belasten? Natürlich gar nichts.

Wie mittlerweile schon öfters erwähnt, fühlen Ihre Mitmenschen sich dort am wohlsten, wo es die wenigsten Schwierigkeiten gibt und wo sie am glücklichsten werden können. Anstatt einfach nur eine Person zu sein, die Probleme vermeidet oder sie gut in den Griff bekommt, können Sie zusätzlich jemand sein, der für Zufriedenheit, Glück und Freude sorgt. Das alles schaffen Sie, indem Sie ganz einfach selbst mehr Spaß haben!

Wenn es überhaupt eine Möglichkeit gibt, etwas gegen die allgegenwärtige Negativität um Sie herum zu unternehmen, dann besteht sie darin, sich nicht erschüttern zu lassen und positiv zu sein. Das Leben ist kurz und entsprechend sollten

Sie Ihre verfügbare Zeit genießen und das Beste aus ihr machen. Wenn Sie sich ständig Sorgen machen, schlecht gelaunt sind, im Konflikt zu Ihren Mitmenschen stehen und glauben, das Leben müsse immer nur hart und ernst sein, stehen Sie sich und Ihrer Lebensqualität im Weg. Wenn Sie keinen Spaß am Leben haben, werden Sie auf Dauer nicht nur unglücklich, sondern auch von Ihren Mitmenschen gemieden. Jeder möchte sich gerne amüsieren und Freude empfinden. Warum auch nicht? Freude ist mit jeder positiven menschlichen Empfindung verbunden!

Das wirklich Wunderbare an der ganzen Sache ist: Je mehr Spaß Sie haben und je glücklicher und zufriedener Sie sind, desto stärker ist die Anziehung, die Sie auf Ihre Mitmenschen ausüben. Jeder möchte gerne seine Sorgen hinter sich lassen und das Leben genießen. Wenn Sie ein gutes Beispiel für Lebensfreude und Zufriedenheit sind, werden sich andere Menschen automatisch wünschen, mit Ihnen befreundet zu sein, um an Ihrer Freude teilhaben zu können.

Pessimisten und Zyniker äußern sich stets negativ darüber, dass andere Menschen sich immer nur dann für einen interessieren, wenn man etwas zu bieten hat. Das ist jedoch nichts Schlimmes, sondern vollkommen richtig und auch gut so! Aus welchem Grund sollte man sich für Sie interessieren, wenn Sie ständig nur ernst, langweilig oder unhöflich sind? Es ist nicht schlimm, sich für Menschen zu interessieren, die ein erfülltes Leben führen. Sie sind hervorragende Vorbilder und lehren uns, unser Dasein zu genießen. Auch Sie können ein solches Vorbild sein! Der deutsche Philosoph Albert Schweitzer sagte: „Glück ist das einzige, das sich verdoppelt, wenn man es teilt."

Teilen Sie Ihr Glück und Sie werden es doppelt zurückerhalten. Verbreiten Sie Heiterkeit und ermutigen Sie Ihre Mitmenschen dazu, den Ernst des Alltags hinter sich zu lassen. Lösen Sie sich von den Dingen, die Sie herunterziehen und machen Sie mehr von dem, was Sie lieben. Sobald Sie diesen Entschluss fassen und konsequent auf Ihr Leben übertragen, werden sich mehr Menschen für Sie interessieren. Verbringen Sie viel Zeit mit diesen Menschen und teilen Sie Ihr Glück mit ihnen. Seien Sie großzügig mit freundlichen Gesten und guten Taten und Sie werden feststellen, dass Sie all das vermehrt zurückerhalten werden. Mit positiven Gedanken und Handlungen ziehen Sie Positives an. Mit negativen Gedanken bringen Sie nur Negativität in Ihr Leben.

Meine Umfragen haben ergeben, dass viele Menschen ihre Freunde für ihre Spontanität bewundern. Im Folgenden sehen Sie einen kleinen Ausschnitt aus einer Mail, die ich von einer Leserin erhalten habe. Sie schreibt darüber, aus welchen Gründen ihre beste Freundin für sie der faszinierendste Mensch auf der Welt ist:

„(...) Es gibt einfach keinen Tag, an dem sie mich nicht mit ihrer Spontanität überrascht. Manchmal ruft sie mich nach der Arbeit an und sagt: „Heute Abend. 19 Uhr. Kino. Keine Widerrede. Bis später!" Und einmal haben wir an einem Samstagnachmittag faul auf der Couch gelegen und

plötzlich ist sie aufgesprungen und hat gerufen: „Lass uns ans Meer fahren. Jetzt sofort!“, und das haben wir dann auch gemacht. Wir waren bis zur Nacht von Sonntag auf Montag in den Niederlanden am Strand und sind dann wieder zurückgefahren, um nicht zu spät zur Arbeit zu kommen. Es war verrückt! Manchmal frage ich mich, woher sie die ganze Energie und all die verrückten Ideen nimmt, aber ich freue mich immer wieder auf die nächste Überraschung. (...)“

Ist das nicht großartig? Macht die beste Freundin meiner Leserin nicht sofort einen sympathischen und lebhaften Eindruck auf Sie? Wir können uns nicht dagegen wehren, die Menschen zu mögen, die spontan sind und jederzeit für Freude und Heiterkeit sorgen können. Sie helfen uns dabei, den Ernst des Alltags für einen Moment hinter uns zu lassen und das Leben einfach nur zu genießen.

Selbstverständlich haben Sie Aufgaben und Verpflichtungen, die Sie nicht vernachlässigen dürfen. Aber bedeutet das etwa, dass Sie keinen Spaß haben dürfen? Wurden wir etwa geboren, um immer nur zu arbeiten und uns Sorgen zu machen? Natürlich nicht. Das Leben ist viel zu schön und vor allem viel zu kurz, um immer nur dasselbe zu tun und nur von großartigen Erlebnissen zu träumen. Ihr Glück und Ihre Zufriedenheit sind wichtiger als alle Verpflichtungen oder gesellschaftlichen Konventionen. Richten Sie sich so viel Freizeit ein, wie Sie können und machen Sie das Beste daraus. Reisen Sie viel, gehen Sie aus, treffen Sie sich mit Ihren Freunden und haben Sie einfach eine gute Zeit zusammen. Fragen Sie sich jeden Tag aufs Neue: Was kann ich heute Besonderes tun? Probieren Sie täglich etwas Neues aus und seien Sie kreativ dabei. Ihre Mitmenschen werden Sie dafür bewundern und den Wunsch verspüren, sich Ihnen anzuschließen.

Das Leben zu genießen und sich durch nichts den Spaß daran verderben zu lassen, ist ein Ausdruck von Selbstbewusstsein, innerer Stärke und Ausgeglichenheit. Wahre Zufriedenheit ist nichts, das man vortäuschen kann. Es ist etwas, das Sie ausstrahlen und das nonverbal und unmissverständlich von Ihren Mitmenschen wahrgenommen wird. So wie ein athletischer Körper ein Statussymbol ist, das keiner Erklärung bedarf, ist es auch Ihre Heiterkeit. Wer Ihre Lebensfreude wahrnimmt, versteht automatisch, dass Sie eine bewundernswerte Person sind.

Je mehr Freude Sie am Leben haben, desto mehr Gutes wird Ihnen widerfahren und desto mehr werden Ihre Mitmenschen sich für Sie interessieren. Während der „Ernst des Lebens“ Ihnen keinen Vorteil bringt, können Sie nur davon profitieren, wenn Sie Spaß haben. Sie bereichern nicht nur sich selbst, sondern auch Ihre Mitmenschen und werden dafür mit Wertschätzung und Bewunderung belohnt.

Zusammenfassung des zweiten Teils

Beim Geheimnis der Anziehung geht es nicht nur darum, wie Sie mit Ihren Mitmenschen umgehen, sondern auch darum, wie Sie auf sie wirken. Aus diesem Grund haben wir uns im zweiten Teil des Buches damit beschäftigt, wie Sie Ihre Persönlichkeit weiterentwickeln können, um eine stärkere Anziehung auf andere Menschen auszuüben. Um das Gelesene noch einmal aufzufrischen, werde ich im Folgenden die wesentlichen Punkte und Bestandteile der Kapitel kurz zusammenfassen:

Ihr Selbstbewusstsein, Selbstvertrauen und Selbstwertgefühl sind die tragenden Säulen der Faszination, die Ihre Mitmenschen für Sie empfinden. Nur wenn Sie sich selbst im Klaren über sich und Ihre Persönlichkeit sind, können andere Sie so kennenlernen, wie Sie wirklich sind. Nur wenn Sie sich selbst vertrauen können, sind Sie in der Lage dazu, das Vertrauen anderer Menschen zu gewinnen. Nur wenn Sie Wertschätzung für sich selbst empfinden, werden Ihre Mitmenschen Sie bewundern und wertschätzen können. Fragen Sie sich, weshalb jemand etwas für Sie empfinden sollte, das Sie selbst nicht empfinden. Das Geheimnis der Anziehung beginnt bei Ihnen. Seien Sie sich dessen stets bewusst.

Ihr Selbstbewusstsein ist das Bewusstsein über sich selbst als denkendes Wesen. Es gewährleistet, dass Sie sich selbst besser kennen als jeder andere Mensch und deshalb über all

Ihre Interessen, Fähigkeiten, Qualitäten, Wünsche und Ambitionen im Bilde sind. Dieses Bewusstsein ermöglicht es Ihnen, stets die richtigen Entscheidungen im Leben zu treffen und nach Ihren eigenen Vorstellungen zu leben. Aus diesem Selbstbewusstsein resultiert Ihr Selbstvertrauen. Je besser Sie sich kennen, desto mehr können Sie sich vertrauen. Je mehr Sie sich vertrauen, desto mehr Herausforderungen stellen Sie sich und desto erfolgreicher werden Sie. Ihre Erfolge führen schließlich dazu, dass Sie ein stärkeres Selbstwertgefühl entwickeln. Sie lernen Ihre Qualitäten und Fähigkeiten besser kennen und beginnen, sich dafür zu bewundern. Sie empfinden ehrliche Wertschätzung für alles, was Sie tun und stärken somit weiterhin Ihr Selbstvertrauen. Diese drei Eigenschaften sind höchst anziehend und bewundernswert. Sie kennzeichnen Sie als erfolgreichen, souveränen und ausgeglichenen Menschen.

Nutzen Sie Ihr Selbstbewusstsein und handeln Sie stets in Ihrem eigenen Interesse. Seien Sie eine unabhängige Person, die ihren eigenen Vorstellungen vom Leben entsprechend lebt. Man wird Sie für Ihre Unabhängigkeit und Souveränität bewundern.

Seien Sie stets aufgeschlossen und gehen Sie auf Ihre Mitmenschen zu. Machen Sie den ersten Schritt, denn häufig trauen andere sich nicht, auf Sie zuzukommen. Sie haben dabei nichts zu verlieren. Ganz im Gegenteil, in den meisten Fällen gewinnen Sie einen Menschen für sich.

Legen Sie Wert darauf, einen gesunden, vitalen und trainierten Körper zu haben. Damit steigern Sie nicht nur Ihr Selbstbewusstsein, Wohlbefinden und Ihre Lebensqualität, sondern geben auch ein klares Statement nach außen ab. Ein gesunder und trainierter Körper ist ein Statussymbol. Sie können ihn nicht kaufen oder stehlen. Es gibt keine Tricks oder Abkürzungen dorthin. Ein sportliches und vitales Erscheinungsbild ist das Zeugnis von Disziplin, Durchhaltevermögen, Willensstärke und einem gesunden Selbstwertgefühl. Auf diese Weise lassen Sie Ihre bloße Erscheinung von Ihren Qualitäten sprechen, ohne auch nur ein Wort sagen zu müssen.

Seien Sie positiv, indem Sie dem alltäglichen Leben zuversichtlich und optimistisch begegnen. Viele Menschen leiden unter dem Stress und der Ernsthaftigkeit des Alltags. Als selbstbewusster Mensch mit einem gesunden Selbstvertrauen machen Sie sich jedoch weniger Sorgen um die Herausforderungen des Lebens und vermitteln somit eine Leichtigkeit, die auf Ihre Mitmenschen tröstlich und beruhigend wirkt. Sie entwickeln sich zu einem sicheren Hafen, weshalb man sich verstärkt für Sie interessieren und den Kontakt zu Ihnen suchen wird.

So wie Ihre Körperform Aufschluss über Ihr Selbstwertgefühl gibt, tut es auch Ihr restliches äußeres Erscheinungsbild. Indem Sie darauf achten, attraktiv auszusehen, vermitteln Sie automatisch den Eindruck, dass Sie es sich Wert sind, sich zu pflegen und vorteilhaft zu kleiden. Dafür brauchen Sie kein Make-Up und auch keine teure Markenkleidung. Sie müssen sich einfach nur sichtlich wohl in Ihrer Haut fühlen, denn wenn Sie ausgeglichen und zufrieden sind, wirken Sie am attraktivsten. Lächeln Sie viel, denn dabei sehen Sie am besten und anziehendsten aus.

Bevor Sie jemanden von sich überzeugen können, müssen Sie überzeugt von sich selbst sein. Legen Sie daher den Fokus auf die Entwicklung Ihres Selbstbewusstseins. Seien Sie echt und spielen Sie keine Rollen, um irgendjemanden zu beeindrucken. Ihre Mitmenschen haben das Recht dazu, die Person kennenzulernen, die Sie wirklich sind und nur auf diese Weise entstehen wirklich wertvolle soziale Bindungen.

Seien Sie sich der Tatsache bewusst, dass Sie Ihre innere Gemütslage nach außen reflektieren. So, wie man es Ihnen am Gesicht ansehen kann, wenn Sie traurig, wütend oder glücklich sind, kann man auch an Ihrer Körperhaltung und Ihrem gesamten Erscheinungsbild erkennen, ob Sie selbstbewusst sind oder nicht. Als selbstbewusster Mensch stechen Sie aus der Masse heraus und wecken das Interesse Ihrer Mitmenschen. Diese werden das Bedürfnis entwickeln, herauszufinden, was das Geheimnis hinter Ihrer Selbstsicherheit ist. Geben Sie ihnen die Chance, es herauszufinden und schließen Sie dabei kostbare Freundschaften.

Alles, was selten ist, ist für die meisten Menschen besonders interessant oder hat aufgrund seines seltenen Vorkommens einen hohen Wert. Bei menschlichen Eigenschaften ist das nicht anders. Seien Sie deshalb außergewöhnlich und steigern Sie so die Wertschätzung, die Sie von Ihren Mitmenschen erfahren.

Eine der faszinierendsten und bewundernswertesten Eigenschaften ist Mut. Um mutig zu sein, müssen Sie keine legendären Heldentaten verbringen. Wirklich mutig sind Sie dann, wenn Sie nicht zulassen, dass irgendwelche Ängste, egal wie schwach oder stark ausgeprägt, Ihnen in Ihrem alltäglichen Leben im Weg stehen und Sie daran hindern, ein glückliches und erfülltes Leben zu leben. Die Entscheidung, das Leben uneingeschränkt zu genießen und alles zu tun, was dafür nötig ist, ist ein Bekenntnis Ihres Muts, wofür Ihre Mitmenschen Sie bewundern werden.

Erfolg ist, genauso wie ein trainierter Körper, ein Statussymbol, das viel über Sie aussagt. Erfolg kann man nicht stehlen oder gewinnen. Nur Menschen, die tatkräftig sind, unermüdlich ihre Ziele verfolgen, Durchhaltevermögen beweisen und all ihre Zeit und Leidenschaft in eine Sache investieren, haben wahren Erfolg. Erfolg ist nichts anderes als das Erreichen Ihrer persönlich gesetzten Ziele und welche Ziele das auch immer sind: Gehen Sie ihnen entgegen! Die meisten Menschen träumen vom Erfolg, aber nur wenige sind bereit dazu, den nötigen Preis dafür zu zahlen und zu tun, was getan werden muss. Sie bleiben lieber in ihrer Komfortzone und träumen weiter, anstatt ihre Träume zu leben. Aus diesem Grund können Sie aus der Masse herausstechen und sich als außergewöhnlicher Mensch kennzeichnen, indem Sie erfolgreich mit dem sind, was Sie tun. Es ist vollkommen egal, was Sie tun. Solange Sie kontinuierlich und mit Hingabe daran arbeiten, werden Sie Erfolg haben. Auf diese Weise verwirklichen Sie sich nicht nur selbst, sondern sichern sich auch die Bewunderung und Wertschätzung der Menschen um Sie herum.

Seien Sie nicht wie alle anderen Menschen, denn sonst gehen Sie in der Masse unter und erwecken niemandes Interesse. Zeigen Sie der Welt, dass Sie besonders sind. Stellen Sie Ihre Qualitäten unter Beweis und genießen Sie Ihr Leben in vollen Zügen. Je glücklicher Sie mit der Art und Weise sind, wie Sie Ihr Leben führen, desto interessanter wirken Sie auf Ihre Mitmenschen. Da es nur wenige Menschen gibt, die mutig genug sind, ihr Leben nach ihren ganz eigenen Vorstellungen zu leben und die diszipliniert genug sind, um wahren Erfolg zu haben, entwickeln Sie sich so automatisch zu einer Besonderheit.

Menschen fühlen sich dort am wohlsten, wo es die wenigsten Probleme und Schwierigkeiten gibt. Seien Sie deshalb jemand, der wenige Probleme verursacht und professionell mit schwierigen Situationen umgeht. Vermitteln Sie Sicherheit und Souveränität, indem Sie sich nicht von den Herausforderungen des Alltags erschüttern lassen.

Gelassenheit, Optimismus, Zuversicht, Geduld und die Fähigkeit, Rückschläge als Chancen zu sehen, sind wichtige Schlüsselelemente des Gesetzes der Anziehung.

Erkennen Sie, dass Sie keine Vorteile erlangen, wenn Sie sich über bestimmte Ärgernisse des Alltags aufregen oder sich Sorgen machen. Für gewinnbringende Lösungen sorgen Sie immer nur dann, wenn Sie einen kühlen Kopf bewahren und lösungsorientiert denken. Mit negativen Gedanken können Sie nichts zum Positiven verändern. Sobald Sie diese Wahrheit anerkannt und akzeptiert haben, werden Sie automatisch gelassener und zuversichtlicher sein, was sehr anziehend auf Ihre Mitmenschen wirkt. Besonnenheit und die Fähigkeit, auch in schwierigen Situationen rational und logisch zu denken, sind eindeutige Beweise für Ihre Intelligenz, welche Ihnen wiederum die Bewunderung Ihrer Mitmenschen sichert.

Lernen Sie, Probleme, Herausforderungen oder Situationen aus verschiedenen Blickwinkeln zu betrachten. Häufig ist etwas nicht so, wie es auf den ersten Blick zu sein scheint. Wenn Sie verschiedene Standpunkte einnehmen, entwickeln Sie ein besseres Verständnis für das, was um Sie herum geschieht. Dieses Verständnis gibt Ihnen mehr Kontrolle über die jeweilige Situation. Jeder Mensch kann voreilige Schlüsse ziehen und hektisch oder unbeherrscht sein, während nur intelligente und besonnene Menschen einen kühlen Kopf bewahren und lösungsorientiert denken können. Suchen Sie sich aus, zu welcher Sorte Mensch Sie gehören möchten.

Lassen Sie sich niemals durch Rückschläge oder Niederlagen entmutigen oder herunterziehen. Erfolglose Menschen scheitern bei ihren Vorhaben und ziehen sich dann zurück, um ihre Wunden zu lecken und Ausreden dafür zu erfinden, warum sie ihre Ziele nicht weiterhin verfolgen. Erfolgreiche Menschen jedoch erkennen, dass jeder Rückschlag die Chance ist, zu lernen, was sie falsch gemacht haben und wie sie es besser machen können, um ihre Ziele endlich zu erreichen. Seien Sie einer dieser außergewöhnlichen und erfolgreichen Menschen, indem Sie auch in schlechten Ereignissen das Gute entdecken und anerkennen. Diese Gewinner-Mentalität wird Ihnen dabei helfen, über sich hinauszuwachsen und Ihre Mitmenschen nachhaltig zu beeindrucken.

Wenn Sie wirklich aus der Masse herausstechen wollen, dann reicht es nicht, wenn Sie sich außergewöhnlich verhalten und diplomatisch mit Ihren Mitmenschen umgehen. Sie müssen sich zu einer außergewöhnlichen Persönlichkeit entwickeln und Ihr Denken Ihrer besonderen Handlungsweise anpassen. Verleihen Sie sich emotionale Reife und gedankliche Tiefe, indem Sie das alltägliche, gesellschaftliche Leben und dessen Wertvorstellungen hinterfragen und neu definieren.

Akzeptieren Sie, dass Sie selbst für alles verantwortlich sind, was in Ihrem Leben geschieht. Machen Sie niemanden außer sich selbst für negative Umstände in Ihrem Leben verantwortlich. Auf diese Weise behalten Sie die volle Kontrolle und Macht über Ihr Leben. Sie werden selbstbewusster und unabhängiger und entwickeln bessere Beziehungen zu Ihren Mitmenschen. Da Sie die Verantwortung über sich an niemanden mehr abgeben, kann Sie auch niemand mehr enttäuschen oder verletzen und entsprechend haben Sie weniger Gründe, in Konflikte mit den Menschen in Ihrem direkten Umfeld zu geraten. Durch mehr Eigenverantwortung entwickeln Sie eine höhere

Achtsamkeit, die es Ihnen ermöglicht, Ihre Optionen in schwierigen Situationen sorgfältiger abzuwägen und bessere Entscheidungen zu treffen. Wenn Sie die einzige Person sind, die in Ihrem Leben etwas Weitreichendes bewirken kann, haben Sie die Möglichkeit, sich frei zu entfalten und Ihr Leben nach Ihren Wunschvorstellungen zu entwickeln. Das daraus resultierende Selbstvertrauen und die damit verbundene Zufriedenheit ziehen Ihre Mitmenschen an.

Machen Sie sich grundsätzliche Gedanken über Gerechtigkeit, denn jeder Mensch hat das Bedürfnis, fair und gerecht behandelt zu werden. Lassen Sie sich nicht von Vorurteilen beeinflussen und machen Sie sich stets ein eigenes Bild von Ihren Mitmenschen. Behandeln Sie andere so, wie Sie selbst behandelt werden möchten und Sie werden Dankbarkeit erfahren. Geben Sie Ihrem Gegenüber stets die Chance dazu, sich zu erklären und potenzielle Probleme selbst zu lösen. Jeder kann vorschnell urteilen oder aufgrund seiner subjektiven Eindrücke Schlüsse ziehen, aber nur gerechte und charakterstarke Menschen können unvoreingenommen bleiben und verschiedene Standpunkte einnehmen, um sich dann eine Meinung zu bilden. Wenn Sie einen ausgeprägten Gerechtigkeitssinn haben, werden Ihre Mitmenschen sich nach Ihrer Freundschaft sehnen.

Die wohl tiefgründigste Frage, die wir kennen, ist die Frage nach dem Sinn des Lebens. Indem Sie sich mit ihr beschäftigen, beweisen Sie zwar emotionale Tiefe, aber das Problem dabei ist, dass es keine eindeutige Antwort auf diese Frage gibt. Anstatt sich ewig mit einem Gedanken auseinanderzusetzen, der in eine Sackgasse führt und sich nicht mittels Taten zum Ausdruck bringen lässt, können Sie sich ganz einfach damit anfreunden, dass Sie keine Antwort auf die Sinn-Frage finden werden und einen anderen Ansatz verfolgen. Sehen Sie das Leben als Geschenk und bemühen Sie sich darum, das Beste daraus zu machen. Wenn es Ihr Ziel ist, das Leben zu genießen und Ihre kostbare Zeit sinnvoll zu nutzen, werden Sie keine Zeit mehr für Ärgernisse, Nichtigkeiten oder Konflikte haben, sondern stets bestrebt sein, etwas zu tun, das Sie glücklich macht. Mit diesem Glück stecken Sie Ihre Mitmenschen an. Denken Sie daran, dass Glück sich verdoppelt, wenn man es teilt.

Je mehr Sie das alltägliche Leben hinterfragen und je mehr eigene Wertvorstellungen Sie entwickeln, desto mehr Persönlichkeit verleihen Sie sich, wodurch Sie einzigartiger und interessanter werden. Im Klartext bedeutet das: Je glücklicher und selbstbestimmter Sie werden, desto stärker wirkt das Geheimnis der Anziehung für Sie.

Machen Sie das Beste aus Ihrer Zeit und haben Sie so viel Spaß und Freude, wie Sie können. Im Alltag begegnen Sie überall Negativität und Sie können ihr nicht entgegenwirken, indem Sie sich von ihr herunterziehen lassen, sich ärgern oder sich Sorgen machen. Nur Freude und Heiterkeit können für Ihre Zufriedenheit und die Ihrer Mitmenschen sorgen.

Vergessen Sie niemals, dass Ihre Mitmenschen sich wohl und sicher fühlen wollen. Sie wollen die Ernsthaftigkeit des Alltags hinter sich lassen und Freude empfinden. Je mehr

Freude, gute Laune und Spaß Sie zu bieten haben, desto beliebter werden Sie sein.

Seien Sie spontan und erfüllen Sie sich all Ihre Wünsche. Das Leben ist kurz und auch, wenn wir den Sinn des Lebens nicht kennen, können wir mit Sicherheit davon ausgehen, dass er nicht darin liegt, immer nur schwer zu arbeiten und keine Freude zu empfinden. Stellen Sie sich jeden Tag aufs Neue die Frage, was Sie heute Neues ausprobieren oder erleben können. Irgendwann wird es zu spät dazu sein und Sie werden vieles von dem bereuen, das Sie nicht getan haben. Lassen Sie es nicht so weit kommen und sparen Sie sich die Reue. Auch wenn ein Schiff im Hafen am sichersten ist, wurde es nicht dazu gebaut, ewig im Hafen zu verweilen. Verlassen Sie Ihre Komfortzone und entdecken Sie das Leben. Es gibt nur wenige Menschen, die ihre Träume leben. Sie können einer davon sein! Wenn Sie ehrlich zu sich sind, werden Sie feststellen, dass Sie nichts daran hindert. Ihre Mitmenschen werden Sie für Ihre Spontanität, Positivität und Ihren Abenteuergeist bewundern und wahrscheinlich sogar beneiden.

Wahre Zufriedenheit ist nichts, das Sie spielen oder vortäuschen können. Es ist etwas, das Sie versprühen und das von Ihren Mitmenschen wahrgenommen wird. Stecken Sie andere mit Ihrer Positivität an und Sie werden als Dank das Doppelte zurückerhalten. Ständig nur ernst zu sein und sich mit Problemen zu beschäftigen, schränkt Ihre Lebensqualität ein. Sie können dabei nichts gewinnen. Wenn Sie Ihr Leben jedoch darauf ausrichten, Spaß zu haben und

Freude zu empfinden, können Sie nur gewinnen. Es gibt nichts, das Sie dabei verlieren können. Vor allem gewinnen Sie Ihre Mitmenschen für sich, denn diese werden den starken Wunsch verspüren, an Ihrer Freude teilzuhaben.

Dies sind die wesentlichen Bestandteile des zweiten Teils des Buches. Auch an dieser Stelle möchte ich Ihnen empfehlen, sich das für Sie wichtigste zu notieren. Nehmen Sie sich Ihre Notizen immer wieder zur Hand und überprüfen Sie die Fortschritte, die Sie in Ihrem Leben machen, indem Sie die Gedanken aus diesem Buch nicht nur annehmen, sondern in reale Taten umsetzen. Mit dem bis hierhin Gelesenen haben Sie die Möglichkeit, sich zu einer interessanteren Persönlichkeit zu entwickeln und somit das Interesse Ihrer Mitmenschen zu wecken. Sobald Sie in Kontakt gekommen sind, kommt es vor allem wieder auf die Informationen und Methoden aus dem ersten Teil des Buches an. Beachten Sie, dass dieses Buch nur einen Einstieg in das Geheimnis der Anziehung markiert. Je mehr Sie von dem Gelesenen in Ihrem Leben anwenden, desto weiter wird sich das gesamte Prinzip für Sie persönlich entwickeln und anschließend weit über das hinausgehen, was Sie auf diesen Seiten erfahren haben.

Das Geheimnis der Anziehung richtig anwenden

Wenn Sie das Buch aufmerksam bis hierhin gelesen haben, haben Sie Unmengen an Informationen aufgenommen, die nun verarbeitet werden wollen. Das Geheimnis der Anziehung besteht zwar aus Prinzipien, die für jeden funktionieren, aber da wir Menschen verschieden und jeweils einzigartig sind, findet es für jeden von uns auf unterschiedliche Art und Weise Anwendung. Ihre Aufgabe ist es nun, das Beste aus den erhaltenen Informationen zu machen und eine Strategie zu entwickeln, mit der Sie das Geheimnis der Anziehung für sich wirken lassen.

Der letzte Teil eines Buches ist immer besonders wichtig, da sich an dieser Stelle entscheidet, wie es für Sie weitergehen wird. Ich möchte Sie noch einmal darauf hinweisen, dass die Inhalte in diesem Buch Ihnen nur dann weiterhelfen können, wenn Sie sie praktisch anwenden. Viele Menschen machen den Fehler, zahlreiche Informationen aufzunehmen, sich von ihnen motivieren zu lassen und anschließend darauf zu warten, dass sich etwas zum Positiven verändert. Wenn die erhoffte Veränderung dann nicht eintritt, sind sie enttäuscht, verlieren jeglichen Mut und geben ihre Ambitionen auf, da sie der Meinung sind, alles versucht zu haben und dennoch enttäuscht worden zu sein. In manchen Fällen kaufen sie sich noch ein zweites Buch zum selben Thema, wiederholen dann ihren Fehler, erleben erneut eine Enttäuschung und reden sich schließlich ein, Bücher seien nutzlos. Damit Sie nicht dieselbe Erfahrung machen, werden wir uns in diesem Kapitel damit beschäftigen, wie Sie den größten Mehrwert aus dem Gelesenen gewinnen und langfristig von dem profitieren, was Sie gelernt haben.

Zu Beginn des Buches habe ich Ihnen empfohlen, sich hin und wieder Notizen zu machen. Sollten Sie das getan haben, wird es Ihnen leichter fallen, das Gelesene auszuwerten. Falls Sie sich keine Notizen gemacht haben, müssen Sie nun Ihr Gedächtnis bemühen und sich an die Stellen erinnern, die Ihnen besonders zugesagt haben. Im Folgenden werden wir 3 Schritte vornehmen, in denen Sie die erhaltenen Informationen sortieren werden. Auf diese Weise gehen keine wichtigen Inhalte aus dem Buch verloren, wodurch sie die Chance bekommen, in Ihrem Leben verwirklicht zu werden und dort positive Veränderungen für Sie zu bewirken.

Schritt 1:

Selbstverständlich ist Ihnen nicht alles, was Sie gelesen haben, vollkommen neu erschienen. Vermutlich gibt es einige Informationen und Tatsachen, über die Sie sich selbst schon mehr oder weniger Gedanken gemacht haben, die Sie jedoch bisher noch nicht wirklich in Ihrem Leben oder im Umgang mit Ihren Mitmenschen anwenden konnten. Zum Beispiel sind Sie sich sicherlich der Tatsache bewusst, dass Sie nur verlieren können, wenn Sie sich mit jemandem streiten, aber dennoch finden Sie sich immer wieder in Konfliktsituationen wieder. Weiterhin könnte es sein, dass Sie wissen, dass ein ausgeprägtes Selbstbewusstsein ein entscheidendes Schlüsselelement ist, wenn es darum geht, die Aufmerksamkeit und Sympathien Ihrer Mitmenschen zu gewinnen. Dennoch haben Sie Schwierigkeiten damit, selbstbewusster zu werden, da Sie sich nicht zutrauen, Ihre eigenen Interessen konsequent zu vertreten und Souveränität nach außen zu demonstrieren. Vielleicht haben Sie aber auch Angst davor, von Ihren Mitmenschen als egoistisch und selbstsüchtig empfunden zu werden, wenn Sie anfangen, sich selbst in den Mittelpunkt Ihres Denkens zu rücken.

Was auch immer es ist, worüber Sie bereits selbst nachgedacht haben: Es ist großartig, dass Sie sich schon eigene Gedanken dazu gemacht haben und es ist nicht schlimm, dass Sie noch nicht diesen Gedanken entsprechend gehandelt haben. Sie bekommen nun eine neue Chance, das zu tun. Die Tatsache, dass die Inhalte in diesem Buch mit Ihren eigenen Gedankengängen übereinstimmen, sollte Sie motivieren und Sie darin bestätigen, dass Sie die richtigen Ansätze verfolgen.

Machen Sie sich eine Auflistung mit all den Punkten, die Sie selbst schon vor der Lektüre dieses Buches als wichtig eingestuft, aber nicht praktisch umgesetzt haben. Ihre Aufgabe wird es in Zukunft sein, sich diese Liste immer wieder anzuschauen und sie Stück für Stück abzuarbeiten. Neue Gewohnheiten oder Verhaltensweisen zu etablieren, dauert länger als ein paar Tage. Seien Sie nicht ungeduldig, sondern freuen Sie sich über jeden noch so kleinen Fortschritt und machen Sie sich in Zukunft auch Notizen über Ihre Erfolge.

Je mehr Tipps, Methoden und Ratschläge Sie von dieser Liste umsetzen, desto positiver werden sich Ihre Beziehungen zu Ihren Mitmenschen entwickeln. Nehmen Sie auch nach größeren vergangenen Zeitabschnitten immer mal wieder die Liste zur Hand, um daran Ihre Fortschritte zu messen und zu erkennen, wie weit Sie sich entwickelt haben.

Schritt 2:

Ideal ist es, wenn Sie während des Lesens einige Aha-Momente erlebt haben, die Sie auf Ideen gebracht haben, wie Sie Ihre Anziehung auf Ihre Mitmenschen verstärken können. So kann es zum Beispiel sein, dass Sie bisher noch nicht den Ansatz verfolgt haben, die Interessen Ihres Gegenübers in den Vordergrund zu stellen, wenn Sie selbst etwas bei dieser Person bewirken möchten. Erinnern Sie sich an das Beispiel mit der Mausefalle!

Genauso könnte es gut sein, dass Sie beim Lesen des zweiten Teils festgestellt haben, dass es nicht egoistisch ist, sich in erster Linie um die Weiterentwicklung seiner eigenen Persönlichkeit zu kümmern und dass Ihre Mitmenschen tatsächlich davon profitieren. Im besten Fall bringt Sie das Ganze auf Ideen, wie Sie Ihr Selbstbewusstsein stärken und somit die Beziehungen zu den Menschen in Ihrem direkten Umfeld verbessern können. Diese neuen Ideen motivieren Sie und bringen frischen Wind in Ihre Ambitionen.

Die Informationen, die neu für Sie sind, sind die wichtigsten, denn sie bergen noch unbekanntes Potenzial in Ihrem Leben. Notieren Sie sich die Tipps, Ratschläge und Methoden, über die Sie zuvor noch nicht nachgedacht haben und fertigen Sie anschließend daraus eine übersichtliche Liste an. Vielleicht ist es Ihnen unangenehm, sich etwas Arbeit damit zu machen, aber vergessen Sie nie, dass Engagement und Tatkraft zwingende Voraussetzungen für persönlichen Erfolg sind. Etwas nur zu lesen, reicht nicht aus, um wirkliche Veränderungen zum Positiven herbeizuführen. Der Vorteil an der schriftlichen Auswertung ist, dass Sie so etwas wie eine Checkliste anlegen, mit der Sie dann überprüfen können, welches Gedankengut Sie in Ihrem Alltag angewendet haben und wie gut es für Sie funktioniert hat.

Ziehen Sie auch die Ergebnisse von Schritt 1 zu Rate. Schauen Sie, inwieweit sich die neuen Informationen mit dem vereinbaren lassen, was Sie sich selbst schon überlegt haben. Ergänzen Sie gegebenenfalls Ihre Notizen mit neuen Ideen. Was Sie sich notieren, müssen Sie niemandem zeigen und es muss auch keinen professionellen Aufbau haben. Es sind Ihre ganz persönlichen Aufzeichnungen, deren Inhalte nur Ihnen ganz persönlich weiterhelfen sollen. Wichtig ist nicht, wie akkurat Sie die Informationen zusammenfügen, sondern dass Sie sie nicht vergessen und auch wirklich anwenden.

Schritt 3:

Bei all den Informationen, die Sie erhalten haben, ist es sehr wahrscheinlich, dass Sie einigen Tipps und Methoden begegnet sind, die Sie bereits kennen und auch in Ihrem alltäglichen Leben anwenden. Das bedeutet aber nicht, dass sie in diesem Buch nutzlos für Sie sind. Zum einen stellt es für Sie eine positive Bestätigung dar, wenn Ihre eigenen Strategien auch hier empfohlen werden. Es bestärkt Sie darin, dass Sie sich auf einem erfolgsversprechenden Weg befinden. Zum anderen bekommen Sie die Möglichkeit, die Wirkung dieser Strategien in Ihrem Leben mit den hier beschriebenen Wirkungen zu vergleichen. Haben Sie dieselben positiven Erfahrungen gemacht, die in diesem Buch geschildert werden? Oder haben Sie sich beim Lesen gefragt, wieso die Ratschläge und Methoden für Sie nicht so effektiv funktionieren, wie es von mir beschrieben wurde?

Denken Sie daran, dass wir von Natur aus ein Selbstbild haben, das keine Fehler zulässt. Es fällt uns schwer zu erkennen, wenn wir etwas falsch machen. Seien Sie deshalb aufgeschlossen und fragen Sie sich, ob Sie das übereinstimmende Gedankengut selbst so konsequent anwenden, wie es in den Beispielen in diesem Buch beschrieben ist. Selbstverständlich sind die Kapitel im Buch keine Musteranleitungen, die Sie eins zu eins übernehmen müssen, aber die von mir erwähnten positiven Effekte und Wirkungen sind sehr realitätsnah und wahrscheinlich. Hinterfragen Sie Ihre Vorgehensweisen und seien Sie bereit dazu, Anpassungen vorzunehmen. Sie können dabei nur gewinnen!

Notieren Sie sich die Punkte aus dem Buch, die mit Ihren eigenen Erfahrungen übereinstimmen. Sie können damit nicht nur Ihre Fortschritte überprüfen und bewerten, sondern auch die neu gewonnenen Informationen ergänzen! Um das konkretisieren, gebe ich Ihnen ein kleines Beispiel:

Sie haben schon vor langer Zeit eingesehen, dass es Ihnen nichts bringt, sich über Ihre Mitmenschen zu ärgern und sich mit ihnen zu streiten, wenn sie Fehler machen. Seitdem funktionieren viele Ihrer sozialen Bindungen wesentlich besser, da Sie weniger Diskussionen führen und es zu weniger Streitsituationen kommt. Allerdings zahlen Sie dafür einen hohen Preis: Sie baden die Fehler, die andere begehen, selbst aus. Wenn jemand bei der Arbeit nachlässig ist, dann vermeiden Sie Streit und Ärger, indem Sie seine Arbeit selbst machen. Langfristig leiden Sie darunter, aber der Mehraufwand ist Ihnen den Frieden wert.
Beim Lesen des ersten Teils dieses Buches haben Sie sich schließlich im Kapitel über konstruktive Kritik wiederentdeckt. Vor allem das Beispiel darüber, wie Sie auch in einem wahren Faulpelz Ehrgeiz und Motivation wecken können und sich dafür sogar noch seine Dankbarkeit sichern, hat Sie begeistert und auf Ideen gebracht. Das ist die perfekte Möglichkeit, das Ihnen bereits Bekannte mit den neuen Informationen zu ergänzen! Vorher haben Sie bereits selbst die Erfahrung gemacht, dass Gelassenheit und die Vermeidung von Streit den wahren Gewinn darstellen.

Mithilfe der neuen Ergänzungen haben Sie nun die Möglichkeit, Ihre Situation zu optimieren und den Preis für diesen „Frieden“ nicht mehr selbst zu zahlen, sondern Ihre Mitmenschen auf freundliche Art und Weise dazu zu motivieren, weniger Probleme zu verursachen, ohne dabei streiten zu müssen.

Die effektivste Anwendung aller Informationen:

Mit den drei beschriebenen Schritten haben Sie nun drei verschiedene Kategorien angelegt, in denen sich möglichst viele der Informationen aus diesem Buch befinden. Zweck dieser Übung ist es, dass nichts oder nur sehr wenig von dem Gedankengut aus diesem Buch verlorengeht. Je mehr Sie von den Tipps, Ratschlägen und Methoden in Ihrem Leben anwenden, desto stärker wird das Geheimnis der Anziehung für Sie wirken.

Versuchen Sie, die Informationen aus den drei verschiedenen Kategorien so gut wie möglich miteinander zu kombinieren. Bis hierhin haben die Inhalte alle noch einen sehr theoretischen Charakter. Ihre wichtigste Aufgabe ist die, bei der Ihnen das Buch nicht behilflich sein kann: Sie müssen das, was Sie erfahren haben, in Ihr alltägliches Leben übertragen.

Das Buch ist in zwei Teile aufgeteilt: Im ersten Teil geht es um einen diplomatischen und gewinnbringenden Umgang mit Ihren Mitmenschen und im zweiten Teil geht es darum, wie Sie Ihre Persönlichkeit weiterentwickeln, um interessanter, anziehender und beeindruckender zu wirken. Stellen Sie sich vor, Sie würden zwei verschiedene Arbeitsbereiche anlegen. In dem einen Bereich arbeiten Sie an Ihrem Umgang mit anderen Menschen und in dem anderen legen Sie den Fokus auf sich selbst und Ihre Entwicklung.

Machen Sie konkrete Pläne darüber, welche Methoden und Tipps Sie bei Ihren Mitmenschen anwenden wollen, um ihre Sympathien zu gewinnen. Denken Sie vor allem daran, bei wem Sie was ausprobieren möchten. Versuchen Sie, die Menschen, an die Sie denken, vorab einzuschätzen. Bei wem malen Sie sich die besten Resultate aus? Wer könnte empfänglich für was sein? Denken Sie zum Beispiel an jemanden, mit dem Sie sich häufig streiten und nehmen Sie sich fest vor, ein paar der neuen Anregungen zum Konfliktmanagement an ihm auszuprobieren. Denken Sie an Personen, die Sie regelmäßig sehen (zum Beispiel Arbeitskollegen), zu denen Sie aber nur sehr flüchtigen Kontakt haben. Seien Sie aufgeschlossen und gehen Sie auf diese Personen zu. Wecken Sie ihr Interesse an Ihnen, indem Sie mit etwas Interesse in Vorleistung gehen und die im Buch beschriebenen Methoden ausprobieren und Sie werden innerhalb kürzester Zeit die ersten positiven Resultate erzielen.

Je mehr Übung Sie darin bekommen, das Gelernte anzuwenden und je mehr Erfolge Sie damit erzielen, desto leichter wird es Ihnen fallen, das, was für Sie funktioniert, zu adaptieren und als feste Gewohnheiten zu etablieren. So werden Sie dauerhaft erfolgreich sein und das Gesetz der Anziehung für sich wirken lassen.

Beschäftigen Sie sich auch intensiv mit den Inhalten aus dem zweiten Teil des Buches. Damit Sie mit anderen Menschen in Kontakt kommen, müssen Sie eine Anziehung auf sie ausüben. Denken Sie immer daran, dass das Gesetz der Anziehung bei Ihnen beginnt. Je mehr Wertschätzung Sie für sich selbst empfinden, desto mehr Wertschätzung empfinden Ihre Mitmenschen für Sie. Stellen Sie Ihre persönliche Entwicklung in den Vordergrund, denn schließlich ist es Ihr eigenes Leben, das Sie leben.

Lassen Sie sich von Ihrer Motivation tragen, aber gehen Sie nicht davon aus, dass Sie sich innerhalb weniger Tage weitreichend weiterentwickeln können. Geben Sie sich Zeit. Wichtig ist nur, dass Sie sich kontinuierlich entwickeln. Ein Marathonläufer sprintet nicht zum Ziel, sondern er findet eine für ihn angenehme Geschwindigkeit und kommt dann mithilfe von Beständigkeit und Ausdauer an sein Ziel. Nehmen Sie sich ein Beispiel daran. Es geht nicht darum, besonders schnell zu einer besonderen Person zu werden. Sie SIND bereits besonders und einzigartig. Sie müssen nur noch dafür sorgen, dass Ihre Mitmenschen das auch mitbekommen. Die Ratschläge und Methoden aus dem zweiten Teil des Buches helfen Ihnen dabei, Ihre Stärken nonverbal zum Ausdruck zu bringen und Ihre Lebensqualität dabei erheblich zu steigern.

Zum Schluss möchte ich noch einmal betonen, wie hilfreich es für Sie ist, wenn Sie sich Notizen machen, auf die Sie später zurückblicken können. Bevor ich Bücher geschrieben habe, habe ich selbst zahlreiche gelesen und ich weiß aus meiner eigenen Erfahrung, dass man ein Buch lieber lesen und nicht damit arbeiten möchte. Dennoch sollten Sie sich nicht zu 100 Prozent auf Ihr Gedächtnis verlassen. Wenn Sie die besten Resultate erzielen möchten, sollten Sie sich die für

Sie wichtigsten Informationen aufschreiben und später Ihre Ergebnisse und Erfahrungen hinzufügen. Wenn Sie in ein paar Monaten darauf zurückblicken, werden Sie sich nicht nur über Ihre Fortschritte freuen, sondern auch eine besondere Wertschätzung für das entwickeln, was Sie ganz alleine zum Positiven verändert haben. So stärken Sie nachhaltig Ihr Selbstbewusstsein und dadurch natürlich auch Ihre Anziehung auf Ihre Mitmenschen.

An dieser Stelle ist das Buch noch nicht zu Ende. Auf der nächsten Seite erwartet Sie ein kleines Geschenk von mir, mit dem ich mich für Ihre Aufmerksamkeit und das Vertrauen bedanken möchte, das Sie mir mit dem Kauf dieses Buches entgegengebracht haben.

Ein Geschenk für Sie

Ganz recht, Sie haben richtig gelesen: Ich möchte Ihnen etwas schenken. Es ist ein von mir geschriebenes E-Book namens „Die 7 Säulen des persönlichen Erfolges.“ Ganz umsonst. Bevor ich das jedoch tue, möchte ich Ihnen noch kurz erzählen, wie ich dazu gekommen bin.

Ursprünglich wollte ich mit meinen Büchern nur meinen Beratungs-Radius ein wenig erweitern und mehr Menschen zu Selbstbewusstsein, Glück, Zufriedenheit und Erfolg verhelfen. Ich hatte nicht damit gerechnet, dass sich so viele Menschen für die Bücher interessieren würden und plötzlich erhielt ich zahlreiche E-Mails von Lesern, die um mehr Inhalte baten. Man bat mich um mehr Praxistipps, Ratschläge für mehr Lebensqualität und um Benachrichtigungen, wenn neue Bücher oder Publikationen erscheinen. Deshalb ließ ich mir etwas einfallen!

Ich rief den Blog „Dein Fußabdruck“ ins Leben, der sich mit der persönlichen Entwicklung und all den Dingen beschäftigt, die das Leben lebenswert machen und unsere Lebensqualität steigern. Es ist ein Ort, an dem ich mich mit Ihnen und den anderen Lesern rund um all diese Themen austauschen kann und wo ich mich auch auf Anfrage der Leser zu bestimmten Themen äußere. Alle Inhalte sind vollkommen kostenlos zugänglich und ich erhalte viel positives Feedback, was mich ungemein motiviert.

Die Lesertreue und das Vertrauen jeder einzelnen Leserin und jedes einzelnen Lesers bedeuten mir sehr viel. Es ist diese Unterstützung, die mich dazu motiviert, Bücher zu schreiben und wöchentliche Bloginhalte zu erstellen. Ich habe das Bedürfnis, mich dafür zu bedanken und deshalb schenke ich Ihnen das E-Book „Die 7 Säulen des persönlichen Erfolges." Ich schenke Ihnen sogar mehr als das: Ich werde Sie zusätzlich jedes Mal informieren, wenn ein neues Buch von mir erscheint und die Promotionsphase durchläuft. So werden Sie die Möglichkeit erhalten, es für nur 0,99€ zu kaufen, anstatt den vollen Verkaufspreis zu zahlen. Noch dazu werde ich Sie über alle neuen Inhalte auf „Dein Fußabdruck" informieren.

Damit ich all das für Sie tun kann, müssen Sie nur eines tun: Mir Ihre E-Mail-Adresse mitteilen, damit ich Ihnen das E-Book zukommen lassen und Sie über Neuigkeiten informieren kann. Mehr nicht. Selbstverständlich ist das Ganze unverbindlich und vollkommen kostenlos.

Da ich Ihnen in der Printversion dieses Buches leider keinen Link zur Verfügung stellen kann, führt der Weg zum kostenlosen E-Book über die Website www.dein-fussabdruck.de

Tragen Sie dort einfach Ihre E-Mail-Adresse in das vorgesehene Feld auf der rechten Seite ein und Sie erhalten:

- Das kostenlose E-Book „Die 7 Säulen des persönlichen Erfolges"
- Die Möglichkeit, alle neu erscheinenden Bücher für nur 0,99€ zu erwerben
- Infos zu allen Neuigkeiten auf „Dein Fußabdruck"

Sie verpflichten sich zu nichts und das Angebot ist vollkommen kostenlos. Ich möchte Ihnen lediglich eine Freude machen und mich für Ihre großartige Lesertreue und Unterstützung bedanken.

Auf der nächsten Seite erwartet Sie der Abschnitt „Abschließende Worte“, mit dem wir das Buch gemeinsam ausklingen lassen, damit Sie sich endlich vollkommen darauf konzentrieren können, das Geheimnis der Anziehung für sich wirken zu lassen.

Abschließende Worte

Dass Sie das Buch bis hierhin aufmerksam gelesen haben, verrät eines über Sie: Sie haben den aufrichtigen Wunsch, etwas in Ihrem Leben zum Positiven verändern und deshalb werden Sie auch erfolgreich sein. Auch wenn wir gemeinsam einen langen Weg gegangen sind, markiert das Ende dieses Buches erst den Anfang Ihrer persönlichen Reise. Ich hoffe, dass das Buch Ihnen gefallen hat und bedanke mich dafür, dass ich Sie ein Stück weit auf Ihrem Weg begleiten durfte.

Wenn das Buch Ihnen gefallen und weitergeholfen hat, würde ich mich sehr über Ihr Feedback freuen. Dies können Sie mir entweder mithilfe einer Rezension auf Amazon zukommen lassen oder Sie können mir eine E-Mail an michael@dein-fussabdruck.de schreiben. Mit Ihrer Meinung helfen Sie mir, die Inhalte in den Büchern und auf dem Blog zu verbessern, wovon zukünftig viele Menschen profitieren werden.

Wie Sie sicherlich schon gemerkt haben, hat dieses Buch verhältnismäßig wenig gekostet. Dies hat den einfachen Grund, dass ich meine Bücher nicht aus Profitgier veröffentliche, sondern möglichst viele Menschen erreichen und zu einem eigenverantwortlichen Leben ermutigen möchte. Ich würde mich freuen, wenn Sie meine Arbeit weiterempfehlen würden. Gemeinsam machen wir die Welt zu einem besseren Ort.

Nutzen Sie die Möglichkeit, sich Ihr kostenloses E-Book auf meinem Blog „Dein Fußabdruck“ abzuholen. Ich hoffe, Sie bald dort begrüßen zu dürfen.

Abschließend wünsche ich Ihnen von Herzen alles Gute und viel Erfolg beim Erreichen Ihrer Ziele. Lassen Sie das Geheimnis der Anziehung zu Ihren Gunst arbeiten und genießen Sie alle positiven Veränderungen, die sich infolgedessen in Ihrem Leben einstellen werden. Ich bin überzeugt davon, dass Sie Ihre Chancen nutzen und das Beste daraus machen werden.

Alles Gute!

Ihr Michael Leister

Weitere Bücher von Michael Leister

Endlich selbstbewusst!

Das letzte Buch, das Sie zum Thema „Selbstbewusstsein“ lesen werden

Garantiert unglücklich

Womit wir unserem Glück ständig im Weg stehen und wie Sie endlich damit aufhören

Ich breche aus!

Wie Sie in 21 Tagen den Alltag durchbrechen und entdecken, was wirklich wichtig ist

25 Erfolgsprinzipien, die Sie ganz nach vorne bringen werden!

Erfolg ist Kopfsache!

14616277R00126

Printed in Poland
by Amazon Fulfillment
Poland Sp. z o.o., Wrocław